图 1　安集海大峡谷（胡潇影摄）

图 2　峡谷内河流阶地（胡潇影摄）

图3

图4 | 图5

图3 峡谷内红色岩体（胡潇影摄）

图4 峡谷内不同时代地层（胡潇影摄）

图5 赛里木湖湖水风光（胡潇影摄）

图6

图7

图6 赛里木湖边垂直自然带风景(胡潇影摄)

图7 眺望赛里木湖(胡潇影摄)

-云杉林-

-山地草原-

-山地荒漠草原-

图 8　天狗望月石（胡潇影摄）

图 9　怪石峪（胡潇影摄）

图 10　怪石峪的藻类（胡潇影摄）

图 11 雅丹地貌（胡潇影摄）

图 12 梭梭（胡潇影摄）

图 13 疣枝桦（胡潇影摄）

图 14 喀纳斯景区
（左晓凯摄）

图 15 禾木村的木屋（胡潇影摄）

图 16 五彩滩
（左晓凯摄）

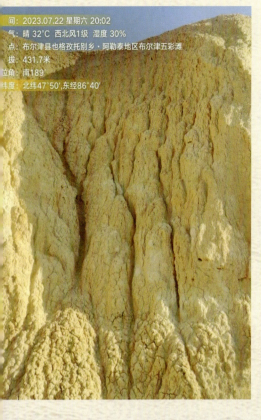
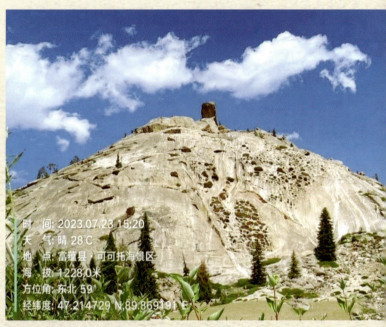

图17 五彩滩流水侵蚀地貌（胡潇影摄）

图18 山峰表面蜂窝状凹坑（胡潇影摄）

图19 山峰表面竖直沟槽（胡潇影摄）

图20 伟晶岩等矿石展品（胡潇影摄）

图 21 阳坡漫山的野花和阴坡云杉林（胡潇影摄）

图 22 与小牛的合影（胡潇影摄）

图 23 江布拉克的星空（胡潇影摄）

具身认知理论下地理实践课程的开发与实施

王晨光 张燕妮 等 编著

苏州大学出版社

图书在版编目（CIP）数据

具身认知理论下地理实践课程的开发与实施 / 王晨光等编著. -- 苏州：苏州大学出版社，2024.12.
ISBN 978-7-5672-4973-8

Ⅰ.G633.552

中国国家版本馆 CIP 数据核字第 20246XN288 号

书　　名：	具身认知理论下地理实践课程的开发与实施
编 著 者：	王晨光　张燕妮　等
责任编辑：	沈　琴
出版发行：	苏州大学出版社（Soochow University Press）
社　　址：	苏州市十梓街1号　邮编：215006
印　　装：	苏州市越洋印刷有限公司
网　　址：	www.sudapress.com
邮　　箱：	sdcbs@suda.edu.cn
邮购热线：	0512-67480030
销售热线：	0512-67481020
开　　本：	787 mm×1 092 mm　1/16　插页：4　印张：10.25　字数：225千
版　　次：	2024年12月第1版
印　　次：	2024年12月第1次印刷
书　　号：	ISBN 978-7-5672-4973-8
定　　价：	49.00元

凡购本社图书发现印装错误，请与本社联系调换。服务热线：0512-67481020

本书编写组

王晨光　张燕妮　卜祥玉

陈炳飞　黎心泽　徐文芬

张晓伟　周　丽　仲维亮

胡星荣　万鑫宇　李富荣

张丽珏

前言

《普通高中地理课程标准（2017年版2020年修订）》指出：学科核心素养是学科育人价值的集中体现，是学生通过学科学习而逐步形成的正确价值观、必备品格和关键能力。地理学科核心素养主要包括人地协调观、综合思维、区域认知和地理实践力，它们是相互联系的有机整体。

地理实践力指人们在考察、实验和调查等地理实践活动中所具备的意志品质和行动能力。考察、实验、调查等是地理学重要的研究方法，也是地理课程重要的学习方式。《普通高中地理课程标准（2017年版2020年修订）》要求学生能够"运用所学知识和地理工具，在室内、野外和社会的真实环境下，通过考察、实验、调查等方式获取地理信息，探索和尝试解决实际问题"。

《义务教育地理课程标准（2022年版）》指出：地理课程要培育的核心素养是一个相互联系的有机整体。人地协调观是地理课程内容蕴含的最为核心的价值观，综合思维和区域认知是学生建立人地协调观所需要的重要思维方式和能力，地理实践力则是学生秉持人地协调观、运用综合思维和区域认知方法，在分析和解决地理实践中遇到的问题时所具备的意志品质和行动能力。地理实践力的培育，有助于学生在真实环境中运用适当的地理实践活动方式，观察和认识地理环境，体验和感悟人地关系，并在活动中做到知行合一、乐学善学、不畏困难。

由上可见，新一轮课程改革明确要求开展地理实践活动，培育地理实践力，提升学生地理核心素养。然而，当前中学地理实践活动开展得还很不够。通过调查，我们发现其中既有认识上的问题，如轻视学科实践在学习中的重要性，对地理学科实践性特点认识不足等；也有诸多现实制约因素，比如应试压力大、缺少开展地理实践活动的时间，缺少成熟的实践活动方案和相应的资源，组织和参加地理实践活动获得感不足、师生参与积极性不高等。

西安交通大学苏州附属中学是苏州工业园区一所年轻的学校，以"融合、创新"为学校精神和理念文化，探索"科技领航、人文滋养、实践融通"的人才培养模式。学校成功申报了2020年江苏省基础教育前瞻性教学改革实验项目"具身认知理论下地理实践课程的开发与实施"，几年来项目组持续探索有效开展地理实践活动的路径，取得了一些成果，本书较为全面地展现了项目组的探索和尝试。

第一章介绍了地理实践活动与地理实践力。第一节从地理学科的实践属性和学科价值追求方面，分析了地理实践的重要性，探讨了地理实践活动的类型，明确了当前中学地理学习强调地理学科属性明显的地理考察、地理实验和地理调查三种形式，但是也不排斥其他形式的地理实践活动。实际教学中，应该根据育人目标、学情和资源条件，因地制宜开展真实有效的地理实践活动。第二节探讨了地理实践力的内涵。地理实践力是一种特指而非泛化的实践能力概念，其内涵可从行动力和意志品质两个方面加以理解。第三节回顾了我国基础教育对实践性学习越来越重视、要求越来越明确的发展历程，介绍了国际地理教育对地理实践的重视情况。

我们习惯于通过知识讲授、习题训练来学习地理，因此，对开展地理实践活动存有疑虑：它会不会影响考试成绩？为何能促进学生的学习？为了从人的学习机制层面寻找开展地理实践活动的依据，我们关注了具身认知理论。第二章介绍了具身认知理论的主要观点和有趣的实证研究，也指出了具身认知理论存在的不足。具身认知理论被称为"第二代认知理论"，综合了自20世纪90年代以来认知科学、神经科学、计算机及现象学等诸多学科领域有关人类认知的探究成果。具身认知理论认为，认知在很大程度上是依赖和发端于身体的，身体构造与活动决定了人们认知的过程、内容和结果；认知是具身的，而身体又是嵌入环境的，人在适应和改造环境的活动中，通过身体与环境中要素的互动而形成认知；认知、身体和环境组成一个动态的统一体，认知具有情境性、具身性、体验性和生成性。

从具身认知理论的视角，地理实践活动就是具身认知的学习方式，包括实感具身和实境具身等。实感具身是通过身体与环境或者实物直接接触而产生的具身效应，由主体亲身的感受引发。地理实践活动中，在真实的自然环境、社会情境下进行的考察和调查等，均属于实感具身。实境具身是借助外界条件的设置、情境的再现或者亲临现场的观察，产生的感同身受的具身效应。开展地理实验、使用教具学具、观察地图图像、运用地理信息技术都属于实境具身的范畴。

在身心融合的学习目标下，第三章探讨了具身认知视角下的地理学习策略，总结了我们开展地理学具制作与运用、手绘地图、地理实验、野外考察、角色扮演等地理实践活动取得的经验。在实践中我们发现，要找到开展地理实践活动的时间，有序高效地开展地理实践活动，需要开展大单元学习，在大概念和单元主题情境下设计实践活动，使地理实践成为单元学习的有机环节；大单元内统筹安排，为开展地理实践活动提供时间；利用大单元教学设计思维导图，规划好地理实践与其他学习环节的关系。

根据2017年版《普通高中课程方案》和《普通高中地理课程标准》的精神与要求，从服务于学生的发展需求出发，我们聚焦考察、调查、实验、学具和模型的制作与运用、地图绘制与运用、角色扮演等实践活动，在模块和大单元视角下统筹安排、体现进阶发展。针对不同对象在合适的时间地点灵活开展地理实践活动，把地理实践活动合理融入地理必修、选择性必修和综合实践活动（研究性学习）课程中，建设校本选修课程，整体设置四类课程相互融通、课内外学习相互促进的高中地理实践系列课程。

第四章展示了同学们在地理实践中获得的一些成果。

本书由西安交通大学苏州附属中学地理组的王晨光、张燕妮统筹，地理组的其他老师也参与了编写工作。在编写过程中我们参考了国内外相关文献资料，在此向原作者一并表示感谢！

限于编著者水平有限，书中难免有不妥之处，敬请读者多提宝贵意见。

目录

第一章 地理实践活动与地理实践力 ……………………………………… 001

第一节 地理实践活动的类型 ………………………………………… 001

第二节 地理实践力的内涵 …………………………………………… 004

第三节 课程视域下的地理实践 ……………………………………… 006

第二章 具身认知理论的观点和实证研究 ………………………………… 019

第一节 具身认知理论的主要观点 …………………………………… 019

第二节 具身认知理论的实证研究 …………………………………… 023

第三节 具身认知理论存在的问题 …………………………………… 027

第三章 身心融合学习：具身认知的教学启示 …………………………… 029

第一节 具身认知理论下的地理教学策略

——以"锋面"教学为例 …………………………………… 029

第二节 具身认知理论下校园地理实践课程的构建

——以"校园植被观察"为例 ……………………………… 034

第三节 地理学具的制作与运用 ……………………………………… 040

第四节 角色扮演在地理教学中的运用 ……………………………… 046

第五节 手绘地图校本课程的开发与实施 …………………………… 050

第六节 "三体"教学模式下的地理实验教学 ……………………… 057

第七节 指向地理实践力培养的野外考察活动探究 ………………… 063

第八节 提升地理实践力品质的教学方法 …………………………… 070

第四章 校本地理实践课程的开发与实施 ⋯⋯⋯⋯⋯⋯⋯⋯⋯⋯⋯ 076

第一节 校本地理实践课程体系 ⋯⋯⋯⋯⋯⋯⋯⋯⋯⋯⋯⋯⋯ 076

第二节 地理实验 ⋯⋯⋯⋯⋯⋯⋯⋯⋯⋯⋯⋯⋯⋯⋯⋯⋯⋯ 085

第三节 地理考察 ⋯⋯⋯⋯⋯⋯⋯⋯⋯⋯⋯⋯⋯⋯⋯⋯⋯⋯ 088

第四节 地理调查 ⋯⋯⋯⋯⋯⋯⋯⋯⋯⋯⋯⋯⋯⋯⋯⋯⋯⋯ 100

第五节 学具和模型的制作与运用 ⋯⋯⋯⋯⋯⋯⋯⋯⋯⋯⋯⋯ 103

第六节 地图（GIS）绘制与运用 ⋯⋯⋯⋯⋯⋯⋯⋯⋯⋯⋯⋯ 114

第七节 角色扮演 ⋯⋯⋯⋯⋯⋯⋯⋯⋯⋯⋯⋯⋯⋯⋯⋯⋯⋯ 117

第八节 跨学科主题学习 ⋯⋯⋯⋯⋯⋯⋯⋯⋯⋯⋯⋯⋯⋯⋯ 120

第九节 地理实践活动部分成果展示 ⋯⋯⋯⋯⋯⋯⋯⋯⋯⋯⋯ 134

第一章 地理实践活动与地理实践力

地理实践力指人们在考察、实验和调查等地理实践活动中所具备的意志品质和行动能力。考察、实验、调查等是地理学重要的研究方法,也是地理课程重要的学习方式。要求学生能够"运用所学知识和地理工具,在室内、野外和社会的真实环境下,通过考察、实验、调查等方式获取地理信息,探索和尝试解决实际问题"。

地理学科为何特别重视地理实践?地理实践活动有哪些类型?如何理解地理实践力?地理实践力有何育人价值呢?

第一节 地理实践活动的类型

一、地理学科特别重视地理实践

地理学研究整个地球表层系统和人类与环境之间的关系,跨自然和人文学科,致力于谋求人与地理环境的协调发展。

从地理学的传统来看,大部分数据和第一手资料主要来自野外考察和社会调查。早在 19 世纪以前,以定性描述为主的地理考察、地理探险等就已成为地理学研究的基本手段和方法。尽管随着科学技术和地理信息技术的发展,人们在室内可以获得大量地理信息,但是野外考察仍然是不可替代的地理研究手段。

当前人类面临严峻的环境问题。环境问题的解决,需要每一个人身体力行,积极参与,知行合一,践行低碳环保生活。面对严峻的环境问题,青年人需要有行动的意识和能力,这也要在实践中培养和提高。

从地理学科的研究手段和地理学科的价值追求看,地理实践是地理学习的重要方式。

二、地理实践活动的类型

地理是一门实践性很强的课程，地理实践活动的形式多种多样。广义来说，纸笔学习之外的地理学习，包括课堂讨论、角色扮演、图表绘制、课外研究性学习、参观访谈、野外考察、地理观测、地理实验、社会调查、学具制作与运用等，都属于实践性地理学习。

《普通高中地理课程标准（2017年版2020年修订）解读》指出：这里强调的考察，特指户外自然考察。主要倡导学生走进大自然，通过实践探究实际问题。考察的内容包括对地理环境的观察、描述、欣赏，对自然事物或现象的测量、取样、论证，对人类活动与环境关系的分析、评判、建议。学生在实践中训练五官感受力、想象力，激发好奇心、兴趣点，触动热爱、感恩、保护大自然的情怀。能够学着读懂自然，学会生存，掌握防避灾害的生存本领。学会阅读等高线地形图、辨识方向、野外定位等使用基础工具解决实际问题的基本技能。借助自身的能力积极应对复杂的世界，感恩并欣赏美丽的自然，成为感情丰富、用正能量服务社会的有用人才。

这里强调的实验，特指某种自然现象的模拟实验。可以是在校园内建立地理模拟实验室，进行仿真模拟实验；也可以是居民区附近或者开发建设的野外实习基地。在真实环境下选择局部空间进行模拟实验。模拟实验的目的是训练设计实验、学习控制变量比较差异的科学实验方法，训练科学严谨的科研过程（包括设计、操作、观察现象、描述现象、记录等）。提升认真严谨、科学求实的科学品质。动手实验可以锻炼学生的动手能力，养成动手操作的习惯。

这里的调查，特指面向真实的社会现象，发现问题，提出问题，并通过问卷调查、访谈、采访、入户调研等社会调查的方法，客观认识与地理相关的社会现象，并发现其中的一些规律。调查活动要接触不同类型的人群，可以培养学生与人交往的技能技巧。通过调查，学生可以独立面对不同的社会人群，学习如何宽容、客观地处理与他人的关系，学习站在不同立场、从不同角度认识社会问题，并能够综合分析评判较复杂的人地关系。

《普通高中地理课程标准（2017年版2020年修订）》和《义务教育地理课程标准（2022年版）》主要强调地理考察、地理实验和地理调查三种形式的地理实践活动。这是因为，地理教育长期普遍关注的是课内借助情境进行讨论、探究和课下的研究性学习，注重培养的是这些方面的实践能力。这些方面是仍然要继续坚持的，但是让学生走进真实的自然和社会大课堂，动手触摸、用眼观察真实的世界，思考、处理问题，最终认识和理解真实世界中的地理现象的实践还不够，全身心地在与自然、社会的互动中增长智力、培育情怀和承担责任的素养还不足。因此，在地理实践力中特别强调考察、实验和调查三种实践力。

《义务教育地理课程标准（2022年版）》指出：义务教育阶段的地理实践力，对应的地理实践活动范围，既包括学科属性明显的地理实验、社会调查、野外考察，又包括生活和学习中可能出现的所有与地理相关的出行活动。

地理课程不只考虑地理学研究领域，从现实生活方面看，人们总要出行或做一些户外活动、长途旅行等。学校也经常组织春游、研学旅行等课外活动。这些出于个人生活和学习目的的实践活动，均与地理环境和地理事物有关，所以也可以称为地理实践活动，只是有别于地理工作者进行的地理研究的实践活动，也比高中地理课程中学科属性明显的地理实践活动范围要广。

目前初中地理课程中的实验，范围比一般的科学实验要广，包括动手制作模型和其他物化成果，如绘制地图，但要让这种动手制作达到类似实验的目的，就要让学生会运用制作的成果去解决某个特定的地理问题、说明某个特定的地理事物或者表现某个特定的地理现象，而不是仅仅停留在完成制作的层面。

张白峡等认为，中学地理实践活动是以学生主体活动为学习形式，以地理学习内容为依据，以鼓励学生主动参与实践、主动思考探究为特征，以实验、调查、考察等形式为主，以实现学生能力全面发展为核心，以促进学生地理素养全面提高为目的的一种课程。[①]

综上所述，地理实践活动的类型多样，我们可以按照不同标准划分地理实践活动。如按照活动形式可以分为地理考察、地理调查、地理实验、地理图表绘制、地理学具制作与运用、地理观测等；按照活动地点可以分为校内、校外（家庭、社区、野外）的实践活动；按照活动时间可以分为课堂和课后（课间、周末、假期）的实践活动；按照学习要求，有与必修、选择性必修和选修课程对应的地理实践活动；按照研究方法，分为定性和定量的地理实践活动；按照参与人员情况可以分为个体活动、小组活动、亲子活动等；按照活动目标可以分为认识型、验证型和探究型活动；按照选题来源，可以分为自主探究活动和任务型探究活动等；按照学习内容，可以分为地理实践活动和跨学科主题活动等。

当前中学地理学习强调地理学科属性明显的地理考察、地理实验和地理调查三种形式，但是也不排斥其他形式的地理实践活动。实际教学中，应该根据育人目标、学情和资源条件，因地制宜开展真实有效的地理实践活动。

---

① 张白峡. 中学地理实践活动教程[M]. 成都：四川大学出版社，2022：2.

第二节 地理实践力的内涵

一、地理实践力的概念

地理实践力指人们在地理实验、社会调查、野外考察等地理实践活动中，所具备的行动力和意志品质。《义务教育地理课程标准（2022年版）》指出：地理课程要培育的核心素养是一个相互联系的有机整体。人地协调观是地理课程内容蕴含的最为核心的价值观，综合思维和区域认知是学生建立人地协调观所需要的重要思维方式和能力，地理实践力则是学生秉持人地协调观、运用综合思维和区域认知方法，在分析和解决地理实践中遇到的问题时所具备的行动力和意志品质。

《义务教育地理课程标准（2022年版）解读》认为：地理实践力是一种特指而非泛化的实践能力概念，它的内涵可从行动力和意志品质两个方面加以理解。行动力包括制订计划的能力和实施计划、达到目标的能力，不论制订计划还是实施计划，下面三类能力都是行动力的基本组成部分。

第一类是信息能力。信息能力是指在地理实践活动制订计划和实施计划的过程中，获取、筛选、运用地理信息解决问题、实现目标的能力，包括使用一定的信息设备和使用一定的功能软件两个方面。信息获取能力指能利用不同的媒体查询需要的信息，如会使用互联网、传统书刊等媒体，会使用手机、平板电脑等移动设备，会使用基本的纸质地图、电子地图、野外定位和求助工具等。信息筛选能力是指在获取的信息中，能比较快地分辨出自己需要的信息。信息运用能力，是指会合理运用信息完成任务和解决问题。例如，制订出行计划时，会在互联网上快速查找目的地或沿途所停留地区的位置等环境信息，并能参考网络上其他人相同的出行经历，调整出行的天数、路线、预算等，制订出更可行的出行计划。在实施计划的途中，若遇到意外情况，会使用手中的移动设备，快速判断自己的情况，并在必要时及时向外界发送求救信息等。

第二类是观察采集信息能力。与从媒体上获得二手资料不同，观察采集信息是获得第一手资料。在社会调查或野外考察的现场，可通过观察地理事物和现象来获得信息，必要时及时记录。采集则是指利用地理工具获得必要的数据或样本材料，如岩石标本、现场的景观照片等。观察采集信息能力，也包括通过整理、选择和使用这些第一手资料来达成地理实践活动的目标。此外，会使用地理工具和相机、录像机等通用设备及其软件，同样属于观察采集信息能力的范围。

第三类是策划组织能力。地理实践活动，不同于一般的课堂教学活动，需要处理的具体事物会多一些，如制订和撰写行动计划，安排具体行程，准备出行物品，处理临时出现的问题等，策划组织方面的能力也是地理实践力的必要组成部分。

地理实践力概念中的意志品质的含义比一般所理解的外延要广，可以分解为实践意愿或实践的意识，科学精神和克服困难的勇气等，这些内涵将作为核心素养的地理实践力与一般的能力区分开来。

实践意愿或实践的意识，是指愿意将学过的知识付诸实践，或者愿意采取行动去实际探索和解决问题。

科学精神主要指求真务实、勇于创新、质疑、独立与合作、克服困难的勇气等品质。求真务实就是实事求是。勇于创新就是愿意探索新事物，发现新问题。质疑也是求真的表现。独立与合作是科学精神看似矛盾实则统一的两个方面，指既善于独立思考，对问题有自己的看法，又善于合作，愿意与他人分享、交流、互助。克服困难的勇气，主要指在遇到困难和问题时愿意想办法去克服困难、解决问题，不轻易退缩。因为地理实践特定的活动范围要比教室环境广，活动的内容也会超出课本知识的范围，为学生带来一些未曾遇到的问题，这时坚持和克服困难的勇气，会对完成任务、解决问题产生很大影响。这种坚持要在力所能及的范围内实事求是、因地制宜，不能因盲目坚持而导致不可弥补的损失。因此，处理意外情况的智慧，也是地理实践力的组成。

二、地理实践力的育人价值

第一，地理实践力有助于培养有实践意识和行动能力的学生，使他们能够将课本上的知识应用到认识地理环境和解决力所能及的地理问题中，并在地理实践过程中学会从实践中学习。培养地理实践力的教学活动将帮助学生形成在可能的情况下，用实验、调查、考察等综合性的实践活动，回答、探索、解决地理问题的意识和基本能力，同时也能够提升他们认真严谨、科学求实的科学品质。

第二，地理实践力所包含的意志品质，是与地理实践活动的综合特性自然融合在一起的。在真实、复杂的场景和实际操作的综合活动中，学生获得磨炼意志、陶冶性情、拓宽眼界的机会，培养积极能动、认真负责的态度，与人交往、恰当处理人际关系的技能技巧，以及独立行动、野外生存、防避灾害等生存能力。

第三，地理实践可以更有效地训练学生对地理环境、地理事物和现象的感受力，激发他们的想象力和好奇心，更好地读懂现实地理世界，特别是读懂自然，激发热爱、感恩和保护大自然的情感。

第四，以地理实践力培养为核心，将比较基础的传统地理操作技能纳入地理实验、社会调查、野外考察这三类综合性实践活动，可以帮助学生在这种综合性、体验性、问题解决指向的实践活动中，发展并运用一些基础的技能和能力，也有助于教学的关注点从具体地理学习技能的形成，进一步拓展到这些技能在解决地理问题中的应用，促进学生真正的发展。

三、地理实践力的水平分级

《普通高中地理课程标准（2017 年版 2020 年修订）》对地理实践力素养进行了水平分级。

水平 1：能够进行初步的观察和调查，获取和处理简单信息，有探索问题的兴趣；能够借助他人的帮助使用地理工具，设计和实施地理实践活动，从体验和反思中学习；能够理解和接受不同的想法，有克服困难的勇气并寻找方法。

水平 2：能够进行细微观察和调查，获取和处理信息，有探索问题的兴趣；能够与他人合作使用地理工具，设计和实施较复杂的地理实践活动，主动从体验和反思中学习；能够有自己的想法，有克服困难的勇气和方法。

水平 3：能够进行分类观察和调查，获取和处理较复杂的信息，主动发现和探索问题；能够与他人合作设计和实施较复杂的地理实践活动，主动从体验和反思中学习；能够有自己的想法，有克服困难的勇气和方法。

水平 4：能够进行较系统的观察和调查，获取和处理复杂的信息，主动发现和探索问题；能够独立设计和实施地理实践活动，主动从体验和反思中学习；能够提出有创造性的想法，有克服困难的勇气和方法。

第三节　课程视域下的地理实践

一、国际地理教育重视地理实践

1992 年发布的《地理教育国际宪章》明确指出：地理教育为今日和未来世界培养活跃而又负责任的公民所必需，帮助他们终身欣赏和认识这个世界，积极面对并有能力解决人类面临的生态破坏和环境污染等种种环境问题。如何实现这样的育人价值？关键是引导年轻人积极行动，并在行动中活跃起来，关注、欣赏这个世界，对其面临的各种问题承担责任。积极行动的意识和能力，需要在真实情境中通过实践训练和提高，因此，地理实践不仅需要像以往那样大力倡导，而且要扎实地、可操作地落到实处。

《地理教育国际宪章 2016》大力倡导活动化的地理教育方式，明确指出：地理调查满足并滋养好奇心。地理视角能帮助人们深入理解当代面临的众多挑战。地理学习基于青少年自身的经验，帮助他们提出问题，发展他们的智力技能，并对那些影响其生活的议题做出回应。地理学习不仅赋予青少年 21 世纪的核心素养，而且引入独特的调查工具，如地图、实地考察，以及功能强大的数字通信技术。

重视地理实践是当前世界各国地理教育的普遍趋势。芬兰在最近的地理课程改革中，除基础知识外，还特别重视环境教育和实践教育，绿色教育也备受瞩目。芬兰地理教学关注环保和可持续发展，鼓励学生了解自然环境和人类活动之间的相互影响。在课程设计方面，重在使学生了解可持续发展的概念，探究如何实现可持续发展，以及人类活动如何影响环境。同时，芬兰提倡在跨学科的课程中进行环境教育，在综合课程中组织实施环保项目和活动，因此较为注重学生地图阅读、数据分析和信息技术应用等地理技能的培育。此外，为了让学生通过实践了解自然环境和人类活动，芬兰还提倡学校组织地理实地考察项目，强调实践技能的培育和探索性学习的开展。

德国地理课程标准重视地理课程的跨学科性，强调地理学综合性学科的地位，关注地理学科与其他学科之间的共通性。德国地理课程强调在真实具体的情境中引导学生自主实践以培育其地理素养，重视在实践中培养学生的信息收集、空间定位、评价反思能力，将实践能力培养与跨学科素养培育相结合，在真实议题中提升学生的地理能力。

日本文部科学省于 2023 年 3 月 8 日发布的《教育基本法》反映了日本最新的教育振兴计划，其针对日本未来教育提出两点方针：一是培养可持续社会的创建者，需要学生具备自主学习能力和实践能力；二是鼓励培育有社会贡献意识、身心健康的学生。

二、我国基础教育改革重视实践课程

1992 年，国家教委颁布了《九年义务教育全日制小学、初级中学课程计划（试行）》，将"活动"和"学科"列为两类课程。1994 年又将"活动"调整为"活动类课程"，肯定了活动课程的重要性。

2001 年 6 月，教育部发布的《基础教育课程改革纲要（试行）》中，综合实践活动的目标如下：坚持学生的自主选择和主动探究，为学生个性充分发展创造空间；面向学生的生活世界和社会实践，帮助学生体验生活并学以致用；推进学生对自我、社会和自然之间内在联系的整体认识与体验，谋求自我、社会与自然的和谐发展。

2003 年，教育部颁布了《全日制普通高中地理课程标准（实验稿）》，课程目标从"知识与技能""过程与方法""情感态度与价值观"三个维度来表述。在"过程与方法"中明确了地理实践活动要求：初步学会通过多种途径、运用多种手段收集地理信息，尝试运用所学的地理知识和技能对地理信息进行整理、分析，并把地理信息运用于地理学习过程。尝试从学习和生活中发现地理问题，提出探究方案，与他人合作，开展调查研究，提出解决问题的对策；运用适当的方法和手段，表达、交流、反思自己地理学习和探究的体会、见解和成果。

2007 年，《九年义务教育课程实践活动指导纲要》，把活动课程界定为在学科课程之外，由学校有目的、有计划、有组织地通过多种活动项目和活动方式，综合运用所学知识开设以实践性、自主性、趣味性、创造性及非学科性为主要内容特征的课程体系。

《义务教育地理课程标准（2011 年版）》强调学习对生活有用的地理，学习对终身发展有用的地理，构建开放的地理课程。引导学生在生活中发现地理问题，理解其形成的地理背景，提升学生的生活品位，增强学生的生存能力，引导学生从地理的视角思考问题，关注自然与社会，使学生逐步形成人地协调与可持续发展的观念，为培养具有地理素养的公民打下基础。地理课程着眼于学生创新意识和实践能力的培养，充分重视校内外课程资源的开发利用，着力拓宽学习空间，倡导多样的地理学习方式，鼓励学生自主学习、合作交流、积极探究。

2014年3月，教育部印发的《教育部关于全面深化课程改革落实立德树人根本任务的意见》提出，研究制订学生发展核心素养体系和学业质量标准。明确学生应具备的适应终身发展和社会发展需要的必备品格和关键能力，更加注重自主发展、合作参与、创新实践。

《普通高中地理课程标准（2017年版2020年修订）》明确指出：地理实践力是四大地理学科核心素养之一。地理实践力是人们在考察、实验和调查等地理实践活动中所具备的意志品质和行动能力。地理考察、地理实践、地理调查是地理学科的重要研究方法，也是地理课程的重要学习方式。

《义务教育地理课程标准（2022年版）》指出：地理课程要培育的核心素养是一个相互联系的有机整体。人地协调观是地理课程内容蕴含的最为核心的价值观，综合思维和区域认知是学生建立人地协调观所需要的重要思维方式和能力，地理实践力则是学生秉持人地协调观、运用综合思维和区域认知方法，在分析和解决地理实践中遇到的问题时所具备的行动力和意志品质。地理实践力的培育，有助于学生在真实环境中运用适当的地理实践活动方式，观察和认识地理环境，体验和感悟人地关系，并在活动中做到知行合一、乐学善学、不畏困难。

《义务教育地理课程标准（2022年版）》在不同的主题中贯穿地理工具应用和地理实践活动，突出地理课程的实践性。明确要求"积极开展地理户外实践，使学生深度参与地理学习活动，经历对提升核心素养有意义的学习过程"。

实验教学是国家课程方案和课程标准规定的重要教学内容，是培养创新人才的重要途径。2019年11月，教育部发布《教育部关于加强和改进中小学实验教学的意见》，明确提出"教育部制订中小学实验教学基本目录和操作指南……将实验教学作为课程体系的重要内容纳入学科教学基本规范，强化实验教学要求"。2023年5月，教育部办公厅印发《基础教育课程教学改革深化行动方案》，再次明确要求"根据课程标准，完善相关学科教学装备配置标准，研制中小学实验教学基本目录，推动地方加强中小学实验室建设……"。为此，教育部教育技术与资源发展中心（中央电化教育馆）组织专家团队，经过多次理论探讨和不断实践探索，研制发布了《中小学实验教学基本目录（2023年版）》。

《中小学实验教学基本目录（2023年版）》坚持立德树人根本任务，以落实各科课程标准和课程教学改革新要求为目标,以积极推动育人方式变革为指向,以强化科学教育与实践教学为重要抓手,以学生为主体。其中地理学科设计了41个初中阶段基本实验活动(表1-1)和39个高中阶段的基本实验活动(表1-2)。

表1-1 初中地理实验教学基本目录

一级主题	二级主题		课标要求	基本实验活动
认识全球	地球的宇宙环境	地球在宇宙中	运用图片、影视资料,以及数字技术等手段,描述地球的宇宙环境、地球在太阳系中的位置,认识地球是人类唯一的家园	1. 制作三球仪简易模型
				2. 观察星空
		太空探索	收集中国航天及太空观测发展的相关材料,举例说出中国太空探索的成就	3. 制作中国太空探索地理海报
	地球的运动	地球自转	运用地球仪或软件,演示地球的自转运动,说出地球的自转方向、周期	4. 模拟演示地球的自转运动
			结合实例,说出地球自转产生的主要自然现象及其对人们生产生活的影响	5. 观察日晷
		地球公转	运用模型或软件,演示地球的公转运动,说出地球的公转方向、周期	6. 模拟演示地球的公转运动
			结合实例,说出地球公转产生的主要自然现象及其对人们生产生活的影响	7. 观察圭表
	地球的表层	自然环境	阅读世界地图,描述世界海陆分布状况,说出七大洲、四大洋的分布	8. 制作世界海陆分布拼图
			在世界地形图上指出陆地主要地形和海底主要地形的分布,观察地形分布大势	9. 制作海底地形模型
			结合实例,说明海洋和陆地处于不断的运动变化之中;说出板块构造学说的基本观点,并解释世界火山、地震带的分布与板块运动的关系	10. 绘制世界六大板块分布简图
				11. 绘制世界火山和地震带分布简图
			收看天气预报节目,识别常见的天气符号,模拟播报天气	12. 模拟播报天气
			阅读某地区气温、降水数据资料,并据此绘制气温曲线图和降水量柱状图,说出气温与降水量随时间变化的特点	13. 绘制气温曲线图和降水量柱状图
			阅读世界气候类型分布图,描述世界主要气候类型的分布特征;结合实例,说明纬度位置、海陆分布、地形等对气候的影响	14. 模拟海陆热力性质差异

续表

一级主题	二级主题			课标要求	基本实验活动
认识全球	地球的表层	人文环境	居民与文化	运用地图和相关资料,描述并简要归纳世界人口数量变化和人口空间分布特点	15. 绘制世界人口密度图
				通过阅读图像、观看视频或实地考察等,描述城镇与乡村的景观特征及其变化	16. 考察城乡景观
			发展与合作	结合实例,说明交通运输在全球经济发展中的重要作用	17. 绘制世界重要海运路线简图
认识区域	认识世界	认识地区		以某地区的一种自然资源为例,说出该资源在当地的分布状况、对外输出地区及对当地乃至世界的重要意义	18. 绘制某地区某类自然资源分布简图
				结合实例,说明某地区发展旅游业的优势	19. 制作简要的某地旅游宣传海报
		认识国家		结合某国家的实例,简要说明该国家与其他国家在经济社会等方面的联系及其意义	20. 调查某国进出口商品的结构
	认识中国	认识中国全貌	行政区划	运用中国行政区划图,识别34个省级行政区,记住它们的简称和行政中心	21. 制作中国省级行政区拼图
			人口和民族	运用地图和相关资料,描述中国人口的基本状况和变化	22. 绘制中国人口增长曲线图
				运用地图和相关资料,简要归纳中国的民族分布特点,树立中华民族共同体意识	23. 调查某少数民族的民俗文化
			自然环境	运用地图和相关资料,简要归纳中国地形、气候、河湖等的特征;简要分析影响中国气候的主要因素	24. 制作中国地形模型
					25. 绘制中国气候类型分布图
				运用地图和相关资料,描述中国主要的自然灾害和环境问题;针对某一自然灾害或环境问题提出合理的防治建议;掌握一定的气象灾害和地质灾害的安全防护技能	26. 防灾减灾演练
			自然资源	运用地图和相关资料,描述中国水资源、土地资源、矿产资源和海洋资源等自然资源的主要特征,举例说明自然资源与人们生产生活的关系,认识开发、利用、保护自然资源的重要意义	27. 绘制中国某一类资源的分布图

续表

一级主题	二级主题	课标要求		基本实验活动
认识区域	认识中国	认识中国全貌	经济发展	运用地图和相关资料,说明中国交通运输线的分布特征,以及高速公路、高速铁路的快速发展对人们生产生活的影响	28. 调查当地交通运输方式的变化
		认识分区	中国的地域差异	进行野外考察或运用相关资料,说明自然环境与地方文化景观之间的关系	29. 调查当地某个文化景观与自然环境的关系
				运用地图和相关资料,说明香港、澳门的自然地理、历史文化传统和经济建设特点,以及港澳与内地经济发展的相互促进作用,增强区域联系的意识	30. 绘制香港、澳门或台湾的简要专题地图
				运用地图和相关资料,说明台湾的自然地理、历史文化传统和经济建设特点,认识台湾自古以来就是中国不可分割的领土,以及促进海峡两岸经济社会融合发展的意义	
		认识家乡	家乡地理环境与生产发展	进行野外考察并利用图文资料,描述家乡典型的自然与人文地理事物和现象,归纳家乡地理环境的特点,举例说明其形成过程及原因	31. 乡土地理考察
地理工具与地理实践	地理工具	地球仪		观察地球仪,并用简易材料制作地球仪模型	32. 制作简易地球仪模型
				在地球仪上识别经线和纬线,说出经度和纬度的分布规律;用经纬度描述某一地理事物或现象所在地的位置	33. 利用经纬网定位
		地图		在地图上辨别方向,判读经度和纬度,量算距离,识别图例所表示的地理事物或现象,并描述地理事物或现象的空间分布特征	34. 绘制两地的最短距离
					35. 绘制校园平面图
				结合地形观察,说出等高线地形图、分层设色地形图表示地形的方法;在地形图上识别一些基本地形	36. 绘制简单的等高线地形图
				根据需要选择适用的地图,查找所需要的地理信息,养成使用地图的习惯	37. 地图的图层叠加实验
				活动主题:定向越野	38. 定向越野

续表

一级主题	二级主题	课标要求		基本实验活动
地理工具与地理实践	地理实践	地理实验	设计简单的实验方案，利用模拟、虚拟等方式开展地理实验	39. 设计简单的实验方案并实施（如设计水土流失的探究实验等）
		社会调查	设计简单的调查方案，利用问卷、访谈等形式进行社会调查	40. 设计简单的调查方案并实施（如社区调查等）
		野外考察	设计简单的考察方案，利用工具进行观察、观测等野外考察	41. 设计简单的考察方案并实施（如观察家乡的植被、日影观测等）

表 1-2 普通高中地理实验教学基本目录

一级主题	二级主题	课标要求		基本实验活动
必修课程	地理1	地球科学基础	运用资料，描述地球所处的宇宙环境，说明太阳对地球的影响	1. 观察太阳活动
				2. 观测月相变化
			运用示意图，说明地球的圈层结构	3. 制作地球内部圈层结构模型
			运用地质年代表等资料，简要描述地球的演化过程	4. 绘制地质年代简图
		自然地理实践	通过野外观察或运用视频、图像，识别3~4种地貌，描述其景观的主要特征	5. 考察典型地貌
			运用示意图等，说明大气受热过程与热力环流原理，并解释相关现象	6. 模拟热力环流
			运用示意图，说明水循环的过程及其地理意义	7. 模拟水循环
			运用图表等资料，说明海水性质和运动对人类活动的影响	8. 探究海水性质
			通过野外观察或运用土壤标本，说明土壤的主要形成因素	9. 观察土壤剖面
				10. 探究土壤质地
			通过野外观察或运用视频、图像，识别主要植被，说明其与自然环境的关系	11. 考察植被与环境的关系
		自然环境与人类活动的关系	运用资料，说明常见自然灾害的成因，了解避灾、防灾的措施	12. 绘制某种常见自然灾害的防灾地图

续表

一级主题	二级主题	课标要求		基本实验活动
必修课程	地理2	人口	运用资料,描述人口分布、迁移的特点及其影响因素,并结合实例,解释区域资源环境承载力、人口合理容量	13. 模拟人口普查
		城镇和乡村	结合实例,说明地域文化在城乡景观上的体现	14. 制作本地传统建筑模型
			运用资料,说明不同地区城镇化的过程和特点,以及城镇化的利弊	15. 调查家乡近十年的城镇化过程
		产业区位选择	结合实例,说明工业、农业和服务业的区位因素	16. 模拟工厂选址
				17. 模拟农业区位选择
			结合实例,说明运输方式和交通布局与区域发展的关系	18. 调查当地交通运输网络
		环境与发展	运用资料,说明南海诸岛是中国领土的组成部分,钓鱼岛及其附属岛屿是中国固有领土,中国对其拥有无可争辩的主权	19. 绘制南海诸岛分布简图
			运用资料,归纳人类面临的主要环境问题,说明协调人地关系和可持续发展的主要途径及其缘由	20. 调查当地的主要环境问题
选择性必修课程	选择性必修1:自然地理基础	地球运动	结合实例,说明地球运动的地理意义	21. 测量正午太阳高度角
				22. 测定当地经纬度
		自然环境中的物质运动与能量交换	运用示意图,说明岩石圈物质循环过程	23. 观察岩石标本
			结合实例,解释内力和外力对地表形态变化的影响,并说明人类活动与地表形态的关系	24. 模拟冲积扇的形成过程
				25. 模拟褶皱的形成过程
				26. 模拟断层的形成过程
			运用示意图,分析锋、低压(气旋)、高压(反气旋)等天气系统,并运用简易天气图,解释常见天气现象的成因	27. 模拟锋面系统
				28. 参观本地气象台/站
			运用示意图,说明气压带、风带的分布,并分析气压带、风带对气候形成的作用,以及气候对自然地理景观形成的影响	29. 制作三圈环流模型
			绘制示意图,解释各类陆地水体之间的相互关系	30. 模拟陆地水体的相互转化
			运用世界洋流分布图,说明世界洋流的分布规律,并举例说明洋流对地理环境和人类活动的影响	31. 模拟洋流的成因

续表

一级主题	二级主题		课标要求	基本实验活动
选择性必修课程	选择性必修2：区域发展	区域发展	以某大都市为例，从区域空间组织的视角出发，说明大都市辐射功能	32. 绘制某大都市的空间结构规划示意图
			以某资源枯竭型城市为例，分析该类城市发展的方向	33. 调查某资源型城市的发展问题
			以某生态脆弱区为例，说明该类地区存在的环境与发展问题，以及综合治理措施	34. 调查某生态脆弱区的环境与发展问题
		区域协调	以某区域为例，说明产业转移和资源跨区域调配对区域发展的影响	35. 调查某区域的产业转移问题
			以某流域为例，说明流域内部协作开发水资源、保护环境的意义	36. 调查某流域的协同开发现状
	选择性必修3：资源、环境与国家安全	自然资源开发利用	以某种战略性矿产资源为例，分析其分布特点及开发利用现状	37. 绘制我国某种战略性资源的分布简图
		环境保护	运用碳循环和温室效应原理，分析碳排放对环境的影响，说明碳减排国际合作的重要性	38. 模拟温室效应
			结合实例，说明设立自然保护区对生态安全的意义	39. 考察某自然保护区

三、《普通高中地理课程标准（2017年版2020年修订）》强调地理实践的重要性

1. "基本理念"部分

创新培育地理学科核心素养的学习方式。根据学生地理学科核心素养形成过程的特点，科学设计地理教学过程，引导学生通过自主、合作、探究等学习方式，在自然、社会等真实情境中开展丰富多样的地理实践活动；充分利用地理信息技术，营造直观、实时、生动的地理教学环境。

2. "课程目标"部分

学生能够运用所学知识和地理工具，在室内、野外和社会的真实环境下，通过考察、实验、调查等方式获取地理信息，探索和尝试解决实际问题，具备活动策划、实施等行动能力。

3. "课程结构"部分

在学生发展方面，要密切联系学生的生活经验，让学生在自然和社会的大课堂中学习对其终身发展有用的地理。

4. "课程内容"部分

"课程内容"对"内容要求""教学提示""学业要求"等都提出了具体要求。

必修课程 地理1 （节选）

【内容要求】

1.4 通过野外观察或运用视频、图像，识别3~4种地貌，描述其景观的主要特点。

1.9 通过野外观察或运用土壤标本，说明土壤的主要形成因素。

1.10 通过野外观察或运用视频、图像，识别主要植被，说明其与自然环境的关系。

1.12 通过探究有关自然地理问题，了解地理信息技术的应用。

【教学提示】

充分利用地图、景观图像、地理视频、虚拟技术、地理信息技术和周边自然与社会资源支持教学。指导学生运用体验、观察、观测、实验、野外考察等方式开展地理实践活动。

【学业要求】

学习本模块之后，学生能够运用地理信息技术或其他地理工具，观察、识别、描述与地貌、大气、水、土壤、植被等有关的自然现象；具备一定的运用考察、实验、调查等方式进行科学探究的意识和能力（地理实践力）。

必修课程 地理2 （节选）

【教学提示】

注重社会调查等方法，联系生活实际，解决现实问题。帮助学生形成人文地理空间思维习惯，强化人文地理信息的运用。

【学业要求】

学习本模块之后，学生能够运用地理信息技术或其他地理工具，收集和呈现人口、城镇、产业活动等人文地理数据、图表和地图（地理实践力）。

选择性必修1 自然地理基础 （节选）

【内容要求】

1.4 运用示意图，分析锋、低压（气旋）、高压（反气旋）等天气系统，并运用简易天气图，解释常见天气现象的成因。

1.5 运用示意图,说明气压带、风带的分布,并分析气压带、风带对气候形成的作用,以及气候对自然地理景观形成的影响。

1.6 绘制示意图,解释各类陆地水体之间的相互关系。

1.7 运用世界洋流分布图,说明世界洋流的分布规律,并举例说明洋流对地理环境和人类活动的影响。

1.8 运用图表,分析海—气相互作用对全球水热平衡的影响,解释厄尔尼诺、拉尼娜现象对全球气候和人类活动的影响。

1.9 运用图表并结合实例,分析自然环境的整体性和地域分异规律。

【教学提示】

注重运用现代地理信息技术、模拟实验、野外考察等方法,提高学生解释地理事物和现象与认识自然环境的能力。

【学业要求】

学习本模块之后,学生能够运用地理信息技术或其他地理工具,结合地球运动、自然环境要素的物质运动和能量交换,以及自然地理基本过程,分析现实世界的一些自然现象、过程及其对人类活动的影响(综合思维、地理实践力)。

选择性必修2 区域发展 (节选)

【学业要求】

学习本模块之后,学生能够运用地理信息技术或其他地理工具,通过案例分析、数据采集、实地调查等方式,比较、归纳不同区域发展的异同(地理实践力)。

选择性必修3 资源、环境与国家安全 (节选)

【教学提示】

组织学生开展社会调查和专题探究。创设多种教学情境,诸如资源短缺、环境恶化的模拟情境,调查家乡的资源、环境问题,讨论节约资源和保护环境的重要意义,树立"绿水青山就是金山银山"的理念。

【学业要求】

学习本模块之后,学生能够运用地理信息技术或其他地理工具,或实地调查身边的资源、环境状况,分析问题及成因,有理有据提出可行性对策(地理实践力)。

5. "实施建议"部分

地理实践是支持学生地理学科核心素养发展的重要手段。地理教学应将实践活动作为教学的重要方式之一。地理实践活动的设计和实施，要以地理学科核心素养的培养为宗旨，与地理理论知识的学习和应用相结合，引导学生用地理视角去观察、行动和思考，并在对真实世界的感受和体验中进一步提升理性认识，逐步建立起地理知识之间的关联。

6. "地方和学校实施本课程的建议"部分

地理课程资源是实现高中地理课程目标的重要保障，学校应该高度重视校内外地理课程资源的开发。

（1）校内地理教学的环境条件建设。

注重地理图书、地图、挂图等图书资源建设，收集国内外地理教科书、地理图册、挂图、地理填充图、地理教学参考书、地理练习册等。注重地理教具、学具的开发，包括地理教学图件、地理教学标本（土壤、矿物与岩石标本等）、地球仪、等高线地形等模型、天文望远镜、天球仪等地理教学器材等的配备建设。加强地理园、气象观测站、天象馆、天文台、地理橱窗、地理实验室等的建设。根据学生选课、走班教学等要求，逐步建设地理专用教室，研制相关地理课程的地理实践手册，如地理户外活动设计、地理模拟实验手册、社会调查方案等，从软硬件两个方面完善地理教学条件与环境。

（2）地理实践活动装备的配置。

要逐步配备专门适用于中学的"水、土、气、岩、化石"标（样）本的采集、测试工具、实验资源包（箱）。要建设相关采集、记录、测试的实验手册、使用说明、课程案例、数据等文本或数字资源。有条件的学校要专门建设校园气象等环境数据的监测站点或专门实验室。

要逐步配备野外实践的基本工具，如测绘定位工具设备、传统罗盘、望远镜等；用于野外采挖、收集、储存、保存的工具；野外安全工具、设施装备等；相关区域的等高线地形图、遥感图像等。

（3）数字化课程资源的开发。

加强数字化地理课程资源建设，逐步建设专门的地理学科数字化课程资源，如地理信息系统（GIS）、全球卫星导航系统（GNSS）（北斗或GPS）、遥感（RS）辅助教学系统，数字气象站平台系统，天文望远镜遥控观测平台系统，野外实践（水、土、气、岩）采集分析与显示系统等。研发地理课程情景资源库、课程实例或案例。

（4）地理实践基地的建设。

建立各种校外地理实践基地。通过挂牌、共建、共同开发等措施进行实践基地的建设。校外实践基地包括地理野外实习基地、公共图书馆、气象台、天文馆、地质馆、海洋馆、科技馆、展览馆、少年宫、博物馆、植物园、动物园、主题公园，以及有关政府部门、科研单位、大专院校、工厂、农村等。

  各地可以根据实际情况，制定本地区高中地理课程资源配备标准，推动地方课程资源建设。

四、不同版本高中地理教材都安排了多样的地理实践活动

  普通高中地理课程标准要求学生能够学会独立或合作进行地理观测、地理实验、地理调查；掌握阅读分析运用地理图表和地理数据的技能。这些要求在各版本的地理教材中都有鲜明的体现，通过"思考""活动""案例""自学窗""问题研究"等栏目设计了各种类型的地理实践活动。

第二章 具身认知理论的观点和实证研究

第一节 具身认知理论的主要观点

一、具身认知理论与传统认知理论的比较

具身认知对应的英文为"Embodied cognition"。其中,"cognition"即"认知",认知是个体获得知识并应用知识的过程,包含感觉、知觉、记忆、思维、想象及语言等方面。"Embodied"中的"em"为使动用法,不同的翻译者对"Embodied"有着不同的释义,常见的翻译有"寓身性""涉身性""体验性""具身性"等。在许多文献中,具身认知也被称为"涉身认知"。

具身认知强调认知具有具身性,即身体在认知过程中起着关键作用。生理体验与心理状态紧密相关,身体的感觉、运动等体验会影响认知和思维。例如,身体的姿势、表情会影响情绪状态。认知并非仅仅是大脑的活动,而是身体与环境互动的结果。身体的解剖学结构、活动方式决定了我们认知世界的方式。具身认知凸显了情境性,认为认知发生在具体的情境之中,不能脱离身体所处的物理和社会环境。具身认知重视身体的主观感受和活动体验,这些为认知提供了基础内容,身体嵌入环境,与环境共同构成动态统一体,影响着我们对世界的理解、判断和决策。[1]

具身认知理论发端于传统认知心理学,它在行为主义和认知主义的基础上,既有所继承,又实现了发展。

二、行为主义

行为主义形成于20世纪初,代表人物有华生、斯金纳等。行为主义强调心理学应

---

[1] 叶浩生. 具身认知:认知心理学的新取向[J]. 心理科学进展,2010,18(5):705-710.

研究可观察的行为，而非意识等难以捉摸的内部心理过程。行为主义认为，行为是由环境中的刺激所引发的反应，环境刺激包括外部物理刺激和社会刺激等，而行为便是对这些刺激的具体回应。行为主义主张，所有行为都可通过分析刺激与反应之间的关系来理解和预测。例如，给予动物食物作为奖励，它便会表现出特定行为，经过多次重复，该行为会得到强化。行为主义着重强调环境对行为的塑造作用。行为主义者认为，个体的行为是通过学习获得的，而学习的过程就是个体在环境中不断接受刺激并做出反应的过程。环境能够通过强化和惩罚等方式来塑造个体行为。强化可增加行为发生的频率，惩罚则可降低行为发生的频率。[1]

行为主义强调通过观察和研究行为来理解心理，这与具身认知理论有相似之处，后者也认为行为对认知重要，身体动作和体验会影响认知过程。行为主义认为环境是塑造行为的关键，具身认知理论同样重视身体所处环境对认知的影响，不过更关注身体与环境的互动，认为认知是身体和环境相互作用的结果。行为主义基本不考虑内部心理过程，把认知简单视为对刺激的反应连接；而具身认知理论强调认知具身性，生理体验与心理状态紧密相连，认知过程受身体物理属性决定，认知内容由身体提供，且认知、身体和环境构成动态统一体。

三、认知主义

认知主义兴起于20世纪50年代，是在对行为主义批判的基础上逐步发展起来的。其代表人物包括皮亚杰、布鲁纳、奥苏贝尔等。认知主义着重强调个体的认知过程，认为学习是个体积极主动地对信息进行加工的过程，尤其关注人类的思维、记忆、问题解决等高级心理过程。在认知主义看来，学习是学习者主动在头脑中建构知识的过程，学习者并非被动地接受信息，而是依据已有知识经验对新信息进行加工整合，从而形成新的认知结构。

认知主义与行为主义有着显著差别。行为主义强调环境对行为的决定作用，认为学习是刺激与反应的联结，通过强化等外部手段来塑造行为。而认知主义则聚焦内部心理过程，强调学习者的主动建构。

认知主义与具身认知理论存在相同点和不同点。相同点在于，两者都重视人类的认知过程，尽管侧重点有所不同，但都致力于揭示人类获取、加工和运用知识的方式，并且都认为个体在认知过程中并非被动接受者，而是具有一定的主动性的。认知主义强调学习者主动建构知识，具身认知理论也强调在身体与环境互动中个体的主动参与。不同点主要表现在两个方面：一是对身体的重视程度不同。认知主义虽然认识到身体在认知过程中的作用，但更侧重于大脑的认知加工过程；具身认知理论则将身体置于核心地

---

[1] （美）华生. 行为心理学[M]. 刘霞，译. 天津：天津人民出版社，2022.

位，认为身体的感觉、运动等体验对认知至关重要。二是对环境的理解不同。认知主义主要将环境视为信息来源，学习者通过与环境交互来获取信息进而进行认知加工；具身认知理论强调身体与环境的融合，认为认知是身体在特定环境中的具身行动，环境不仅是信息提供者，更是认知过程的重要组成部分。

四、具身认知理论的渊源

传统认知主义认为认知是可计算的。认知过程与计算机的符号加工过程类似，都是对信息进行处理、操纵和加工。计算机按人们设定的逻辑规则进行符号运算，认知过程则依据人们先天或后天获得的理性规则，以形式化方式处理大脑接收的信息，本质上都是计算过程，所以说认知的本质就是计算。把大脑比作计算机硬件，认知就像运行在这个硬件上的软件或程序。因为程序在功能上独立于硬件，所以认知也独立于包括大脑在内的身体，这叫"离身"认知。离身的心智在人脑中表现为人的智能，在计算机上表现为人工智能。

传统认知心理学将认知视作大脑内部的信息处理过程，常采用计算机模拟的方法对其进行研究。然而，这种方法在阐释人类认知的复杂性与情境性时遭遇了困境。例如，传统认知心理学难以诠释人类在实际情境中的认知灵活性、创造性及适应性。鉴于此，一些心理学家开始反思传统认知心理学的局限性，进而探寻新的理论框架以解释人类认知。具身认知理论便在这样的背景下应运而生，它着重强调身体与环境在认知中的重要性，为认知心理学的发展开辟了新的方向。

具身认知作为认知心理学领域中一个新兴的研究范畴，强调认知过程与身体之间的紧密联系。其起源并非偶然，而是在哲学、心理学等诸多领域的思想基础之上逐步发展而来的。

我国古代的天人合一思想大力强调人与自然的和谐统一，认为人是自然的一部分，人的身体与心灵和自然环境相互依存。这一思想与具身认知理论存在一定的相似之处，具身认知理论同样强调身体与环境的相互作用，认为认知是身体在环境中的体验与活动的结果。

王阳明的心学强调"知行合一"，认定知识与行动不可分割，唯有通过实践方能真正理解并掌握知识。马克思的实践观强调人类的实践活动是认识世界与改造世界的基础。他指出人类通过劳动和实践活动来认识世界，同时也在实践活动中持续改造自身的认知与思维方式。法国身体现象学的代表人物梅洛·庞蒂在其经典著作《知觉现象学》中提出了具身哲学的思想。他主张知觉的主体是身体，且身体嵌入世界之中，知觉、身体和世界构成一个统一体。

皮亚杰的认知发展理论强调儿童通过与环境的互动来构建自身的认知结构。他认为儿童的认知发展是一个不断适应环境的过程，身体的动作与操作对儿童的认知发展具有重大意义。杜威指出，将经验与理性截然分开是错误的做法，一切理性思维皆以身体经验为基础。他着重强调身体的活动与实践对于认知的重要性。陶行知的教育思想强调"生活即教育""社会即学校""教学做合一"。他认为教育应当与生活紧密结合，学生应该通过实践活动来学习知识与技能。蒙台梭利的幼儿教育理念强调幼儿的自主学习与自我发展。她认为幼儿具有内在的学习能力，教师应为幼儿提供适宜的环境与材料，让幼儿通过自主探索来学习知识与技能。

五、具身认知理论的主要观点

1. 身体是认知的基础

身体的感知运动系统为认知提供了原始材料。我们的视觉、听觉、触觉等感官如同认知的门户，将外界的丰富信息引入我们的认知世界。例如，当我们观察世界地图时，眼睛捕捉到的不同颜色代表的不同国家和地区、蜿蜒的国界线及各种地理标识等视觉信息，成为我们对地理知识进行认知和学习的起点。我们通过视觉感知各个国家的地理位置、形状大小及它们之间的相对位置关系，进而在认知层面上逐步构建起对世界地理格局的理解。这种由身体感官带来的初始地理信息，为我们进一步深入认知地理现象、探索地理规律奠定了基础。

身体的运动系统也绝非仅仅是执行动作的工具，它在认知过程中扮演着重要角色。我们通过身体的运动来探索世界，积累空间、时间和因果关系等方面的认知经验。比如，在野外考察中，学生们沿着山谷前行，攀爬陡峭的山坡，跨越湍急的溪流。在这个过程中，他们亲身感受着空间的广阔与狭窄、高低与起伏。当他们站在山顶眺望远方时，能直观地体会到空间的大小和远近。同时，他们观察到河流对山谷的侵蚀作用，随着时间的推移，山谷的形态不断发生变化，从而理解了时间与地理变化之间的因果关系。这些身体运动帮助学生们逐渐建立起对地理空间、时间和因果关系的深刻认知。

2. 认知是身体与环境互动的产物

身体与环境的互动是认知产生的关键。身体通过感知运动系统与环境进行持续的交流，这种互动不仅改变了环境，也塑造了我们的认知。例如，学生们走进山区，身体感受着海拔的变化带来的气温、气压的差异，眼睛观察着不同地貌和植被的分布。这种互动不仅让学生们对山区的环境有了更直观的认识，也塑造了他们对地理知识的认知。当学生们在考察中遇到陡峭的山坡时，会根据地形调整行走路线，选择更安全的路径。在这个过程中，身体与环境的互动促使学生们不断思考地理现象背后的原因，认知也在不断发展和完善。他们学会了根据不同的地理环境条件分析地理问题，更加深入地理解自然环境的规律和特点。

身体的体验不仅在具体事物的认知中发挥作用，还能影响我们对抽象概念的理解。温暖的身体体验让我们联想到"爱"和"关怀"，力量的身体体验则与"权力"和

"控制"等抽象概念相联系。这种身体体验与抽象概念的关联，丰富了我们的认知，使抽象概念更加生动和易于理解。

3. 认知是在具体情境中发生的

具身认知理论指出，认知不能脱离具体情境而孤立存在。我们所处的物理环境和社会文化环境深刻地影响着认知。例如，不同的文化赋予颜色不同的认知体验和象征意义。在中国文化中，红色通常代表着喜庆和吉祥，而在西方文化中，红色可能更多地与爱情和激情相关。这种文化情境的差异导致人们对颜色的感知和理解各不相同。同样，物理环境也会影响我们对空间、时间等概念的理解。在宁静的海边，人们对空间的感受是宽广和无垠，而在拥挤的地铁车厢中，空间相对狭小，人们则感到压抑。

情境为认知提供意义和背景。在地理学习中，"河流"这个词在不同的情境中有不同的认知意义。在野外考察的情境中，学生看到奔腾的河水、蜿蜒的河道和两岸的地貌，此时"河流"代表着一种自然地理景观，学生们直观地认识到河流的形态、水流特征及其对周边环境的塑造作用。而在研究区域经济发展的情境中，"河流"可能意味着重要的交通要道和水资源来源，影响着地区的产业布局和经济发展。

第二节 具身认知理论的实证研究

具身认知最初仅仅是一种哲学层面的思辨活动，哲学家们为反对心物二元论，积极倡导认识的主体与世界具有不可分离的特性。20 世纪 80 年代以后，具身认知已然从哲学思辨逐步迈向实证探讨。一系列关于具身认知的实验研究表明，温度知觉、空间知觉、重量知觉、触觉等感知觉经验及运动等，会微妙地影响人的情绪、态度、决策、思维、记忆及道德等高级认知活动。借助这些实验，我们能够更加形象地认识具身认知理论的诸多观点。

一、耳机舒适度测试——行为强化态度

1980 年，社会心理学家威尔斯（Wells）和佩蒂（Petty）报告了一项实验：他们要求学生参与一项旨在评估耳机舒适度的测试，并将其作为课程学习的一部分。实验者告知学生，这款耳机已在多种情境下（如行走、跳舞、听课等）进行了测试，而当前测试的重点是评估在头部平行移动（即摇头）和垂直移动（即点头）时耳机的音质。随后，73 名学生被随机分配至三组：头部平行移动组、垂直移动组及对照组。对照组学生无需移动头部，仅需聆听并评分。测试过程中，参与者首先聆听一段音乐，随后听取广告商对该耳机的推荐。最终，他们需完成一份简短问卷，内容包括对耳机的评分及是否认同广告商观点。统计结果显示，头部垂直移动（点头）组在耳机评分及认同广

商观点上的得分均显著高于其他两组,而头部平行移动(摇头)组则在两项指标上得分最低。研究者认为,点头动作增强了积极态度,而摇头动作则强化了消极态度,这一发现与具身认知的基本假设相吻合。①

二、"工效学姿势"实验——行为影响情绪

心理学家斯特珀(Stepper)和斯特拉克(Strack)设计了一项实验,以探究身体姿态对情绪的影响。实验对象为大学本科生,他们被告知参与的是一项关于身体姿态如何影响任务完成效率的工效学实验。每次实验包含六名参与者,实验分为两种情境:一种情境要求参与者采取"工效学姿势",即低头、耸肩、弯腰,呈现出沮丧的姿态;另一种情境则要求参与者保持腰背挺直、昂首挺胸,展现出自信的姿态。为防止情绪相互干扰,参与者被隔离进行实验。随后,他们需完成一项复杂任务,并在任务完成后被告知表现优异,可获得实验报酬。实验尾声,参与者需填写问卷,评估自己当前的心境及是否因完成任务而感到骄傲等。结果显示,在第一种情境下,参与者因完成任务而感到骄傲的平均得分为 3.25,而在第二种情境下,这一得分提升至 5.58。该实验表明,情绪是具身的,身体姿态及其活动方式在情绪与情感的形成中扮演着重要角色,认知并非情绪产生的唯一因素。②

三、词汇判断实验——情绪具身化

心理学家尼德塔尔(Niedenthal)的研究印证了记忆中情绪信息的具身化特性。在一项研究中,参与者需根据实验者的指示,以"是"或"否"的简单方式判断如"婴儿""鼻涕"等词语是否带有喜悦、恶心、愤怒等情绪色彩。这些词语事先已被评估为具有显著的情绪色彩。实验中,实验者利用肌电扫描仪记录参与者的面部肌肉活动。在另一项平行实验中,参与者判断的词汇不再是具体事物,而是诸如"喜悦的""狂怒的""令人作呕的"等描述情绪状态的抽象形容词。

实验结果显示,参与者在做出判断时,具身的情绪反应与认知过程紧密相连。肌电扫描仪捕捉到的面部肌肉活动便是这一点的有力证据。例如,在判断"鼻涕"是否具有情绪色彩时,参与者的面部提肌开始活动,显示出厌恶的表情,仿佛身体先于认知做出了情绪反应。类似地,在抽象情绪概念实验中,参与者也是先经历具身化的情绪反应,随后才形成判断。为了进一步验证,实验者让参与者对同一组词进行另一种判断——判断其首字母是否大写,结果显示此类判断中并未出现面部肌肉激活,从而证明了情绪作为心理状态,其身体反应是先于认知的,即情绪是具身化的。③

---

① 万代红. 具身认知视野下小学德法教学的探索与实践 [M]. 南京:河海大学出版社,2021.
② 万代红. 具身认知视野下小学德法教学的探索与实践 [M]. 南京:河海大学出版社,2021.
③ 万代红. 具身认知视野下小学德法教学的探索与实践 [M]. 南京:河海大学出版社,2021.

四、"感觉通道实验"——记忆中的认知具身化

具身认知理论主张，认知是个体在实时环境中具体生成的，储存在记忆中的认知信息并非抽象的符号，而是具体、生动且紧密关联于身体特定感觉通道的。当个体在语言和思维中运用这些储存的信息时，实际上是在身体的同一感觉通道内模拟该事件，这一观点也得到了实验的支持。

心理物理学家斯彭斯（Spence）等人的实验研究了参与者在不同感觉通道间转换信息加工所需的反应时间。他们发现，参与者在完成听觉信息通道任务后，再转向视觉通道信息加工时，反应时间显著增加，表明需要更多时间才能精确定位视觉对象。然而，当两个任务均使用视觉通道时，则不会出现此现象。此外，参与者在确认柠檬具有酸味后，需要更长时间才能将"炸弹"与"巨响"联系起来，因为这两种信息的加工涉及不同的身体感觉通道。这些结果表明，认知与身体的感觉通道紧密相连，身体的感觉运动系统在认知过程中扮演着至关重要的角色。[①]

五、镜像神经元——社会沟通的"神经桥梁"

镜像神经元的发现可追溯至 20 世纪 90 年代中期。当时，由意大利帕尔玛大学的里佐拉蒂（Rizzolatti）带领的研究团队在对恒河猴展开的神经科学研究中，首次发现了这类特殊的神经元。这些神经元存在于恒河猴大脑腹侧运动前皮层 F5 区，不但在猴子执行某个指向目标的动作时会产生放电现象，而且在观察同类其他个体乃至实验者执行类似动作时，同样会产生放电现象。这一重大发现对传统认知科学中认知与身体运动系统分离的观点构成了挑战，为具身认知理论奠定了神经生物学基础。

镜像神经元的主要功能体现于以下几个方面：

一是动作理解与模仿：镜像神经元在观察他人动作时被激活，能使个体将他人的动作与自身的动作系统直接匹配，进而实现对他人意图的理解。这种机制是行动识别与理解的基石。

二是社会认知与共情：镜像神经元系统在社会认知中发挥着关键作用，它让个体能够理解和感受他人的情绪、意图及行为，有力地促进了社会交往和共情能力的发展。

三是语言理解与概念形成：镜像神经元不仅与动作理解相关，还涉及语言理解和概念形成等高级认知过程。人类的概念形成、语言理解等心智过程与镜像神经系统的功能紧密相连。

镜像神经元的发现对传统的信息加工"三明治模型"发起了挑战，表明动作的理解和动作的执行或许启用的是同一神经生理机制。镜像神经元为具身认知理论提供了神

---

① 万代红. 具身认知视野下小学德法教学的探索与实践［M］. 南京：河海大学出版社，2021.

经生物学证据，有力地支持了认知活动离不开身体参与这一观点，极大地推动了具身认知理论在心理学、教育学等领域的广泛应用。①

六、概念隐喻的相关实证研究

对于陌生与抽象的概念，人们倾向于借助具体的感知觉经验来构建隐喻。比如，在空间维度上，"上"常被隐喻为优秀、道德高尚及神圣，而"下"则对应着消极、拙劣与邪恶的意象。这种空间隐喻在语言中广泛体现，如"贬低""提拔""拔尖""垫底"等词汇。此外，空间距离还被用来表征人际关系的亲密度，如"疏远"与"关系很近"的表述。同样，温度概念也被赋予了人际情感的意义，热情如同温暖，冷淡则似寒冷。触感体验则映射到性格特征上，如"强硬""死板""稳重"等词汇，均用来形容那些不易屈服或改变的个性。而重量的感受则常用来衡量事物的重要性，如"贵重"与"重视"。明暗亮度也常被隐喻为情感色彩的积极与消极，光明代表美德、亲善与朝气，而黑暗则暗示邪恶、凶狠与死亡。语言学研究证实，隐喻作为一种普遍存在的语言现象，跨越了文化和语言的界限。

1. 空间隐喻的实证研究

梅尔与罗宾逊进行了一项研究，他们要求被试对屏幕上呈现的积极或消极词汇进行词性判断。结果显示，当积极词汇位于屏幕顶部时，被试的反应更为迅速；反之，消极词汇置于底部则能引发更快的判断反应。进一步的研究还探索了权力、道德、宗教及神魔等抽象概念，均发现了空间垂直维度对这些抽象概念认知加工的影响。②

2. 温度隐喻的实证研究

伊泽曼与肖明的研究表明，当被试触摸冷饮或热饮后，再评估自己与他人关系的亲密度时，接触热饮的被试倾向于认为自己与他人间的关系更为亲密。③

3. 洁净隐喻的实证研究

钟等人的研究发现，部分被试在进入实验室前被要求洗手，随后在评价社会问题的道德性时，这些洗手的被试更可能将某些行为视为不道德。后续研究进一步指出，身体洁净后，被试倾向于认为自己具有更高的道德水平。④

4. 体觉隐喻的实证研究

有研究表明，当不同被试手持不同重量的《麦田里的守望者》一书时，他们对该书在美国文学史上的重要性评价存在差异。具体而言，手持更重版本的被试认为该书在文学史上的地位更为显赫。但这一效应仅在被试已阅读过该书的情况下显著。

---

① 叶浩生等. 具身认知：原理与应用 [M]. 北京：商务印书馆，2017.
② 叶浩生等. 具身认知：原理与应用 [M]. 北京：商务印书馆，2017.
③ 叶浩生等. 具身认知：原理与应用 [M]. 北京：商务印书馆，2017.
④ 叶浩生等. 具身认知：原理与应用 [M]. 北京：商务印书馆，2017.

镜像神经元的发现、深入的心理学行为实验探索，以及语言中普遍存在的身体隐喻现象，共同构筑了一个强有力的论据：心智活动并非孤立于身体之外、纯粹抽象的符号处理过程，而是深深植根于身体的构造与感觉运动系统的动态交互之中。这些发现从根本上揭示了心智的本质——它是在身体与环境之间持续不断的互动中被构建与塑造的。在这一过程中，身体不仅是物理存在的载体，更是情绪表达、动机驱动及认知功能实现的核心舞台，其角色之关键，无可替代。[1]

第三节 具身认知理论存在的问题

具身认知的研究正在成为一种思潮、趋势和新的方向。但是具身认知研究思潮也存在着许多棘手的问题。

一、研究观点的冲突和散漫

具身认知作为一种新兴的研究思潮，不同的研究者思路不同，研究方法各异。他们所持有的观点有时是一致的，有时是冲突的。关于具身认知目前有六种有代表性的观点：认知是情境化的，发生在现实世界中；认知是实时的，具有时间的压力；环境可以帮助我们储存认知信息，在我们需要时供我们使用；环境是认知系统的一个部分，认知系统可以扩展到包括身体在内的整个环境；认知是指向行动的，认知的根本目的是指导行为；离线认知是以身体为基础的。即使是在脱离具体环境的条件下，认知仍然受到一定的身体机制的约束。上述理论观点有时是一致的，有时是冲突的。不同的研究者采纳了其中一个或几个，存在观点的冲突和散漫。

二、对高级心理过程解释不足

传统的认知主义并没有因为具身认知取向的出现而销声匿迹，实际上，仍然有许多研究者仅仅视具身认知研究为传统认知主义的改良或改进。一些研究者认为，具身认知和传统的认知心理学并非不可调和。具身认知的研究方式实际上追溯了认知的初始状态，对于了解认知的起源是极其有帮助的，在解释感知等低级心理过程方面也具有积极的意义，但是对于抽象思维等高级心理过程的解释显得不足，因此，需要传统符号加工或联结主义模式的解释机制。这些研究者认为，知觉等低级的心理过程可以在与环境的直接作用中产生和形成，不需要中枢的表征和计算过程，但是思维、想象等高级心理过程却需要一个表征的"中介"。具身认知的研究者则认为使用"耦合"和"涌现"等概念足以解释高级心理过程，而不必假设一个表征的概念。

---

[1] 叶浩生等.具身认知：原理与应用［M］.北京：商务印书馆，2017.

三、有回归行为主义的嫌疑

由于强调了认知过程对身体和环境的依赖性，具身认知研究思潮被一些心理学家视为一种新形式的行为主义。这些心理学家认为，心理学在经历了"认知革命"以后，似乎现在正在回归行为主义。行为主义否认或贬低认知过程，或者把高级心理过程归结为"肌肉收缩"和"腺体分泌"，或者认为发生在中枢神经系统中的高级心理过程只不过是一些生理性的"中介变量"。认知心理学的产生推翻了行为主义的假设，把思维、记忆、推理等高级心理过程置于一个重要地位，认为决定行为的正是这些内部的认知机制。现在钟摆似乎又转向了相反的方向，正在回归到行为主义的假设。

具身认知的研究者对此予以否认。他们认为这是一种误解，具身认知仍然是认知，只不过这种认知并非纯精神的，而是一种与身体密切相关，或者通过身体及其活动方式而实现的适应环境的活动。在这里，认知的作用并没有被贬低，只不过是换了一个角度看待认知。这样一种对认知的理解，更能解释现实世界中的认知，比那种在实验室条件下的认知研究对于人类生活有更大的意义和影响。

第三章 身心融合学习：具身认知的教学启示

第一节 具身认知理论下的地理教学策略
——以"锋面"教学为例

一、离身认知方式学习"锋面"存在的问题

认知是指人们加工信息、获得知识、应用知识的过程。20世纪60年代，居于西方心理学主流地位的认知心理学认为，认知是内部心智对外界抽象的表征或计算过程，认知在大脑中进行，其过程类似于计算机的中央处理器对信息按照一定的逻辑进行加工处理，身体仅是一个被动接收外界信息的刺激感受器和行为效应器，认知是离身的，与身体无关。

对于"锋面"知识，常见的教学思路是在学生已有知识和经验的基础上，通过逻辑推演的方式，引导学生明白相关道理。例如，学习"冷锋"的基本思路如下：冷气团控制下气压高、气温低，暖气团控制下气压低、气温高；单一气团控制下天气晴朗；冷空气主动向前推动暖气团时，暖空气被迫沿锋面抬升，气温下降，形成云雨；冷锋过境时，常伴有大风、降温和雨雪天气。上述学习方式强调知识的逻辑分析，忽视身体和环境的参与，属于离身认知；学习过程以教师的推动为主，学生有效参与的机会很少，难于实现新课程倡导的面向问题的探究式学习；学习效果不佳，对空间尺度巨大的锋面，学生难以建立起形象的认知。

"锋面"是一种常见的天气系统，我国大部分地区会受冷锋带来的显著天气变化的影响。借鉴具身认知理论，教师可在某次冷锋过境前后，指导学生有意识地观察相关现象。在学生亲身经历的基础上探究地理现象背后的知识，是符合新课程要求的学习方式。

二、具身认知视域下的教学策略

具身认知被称为"第二代认知理论",是自20世纪90年代以来,认知科学、神经科学、计算机及现象学等诸多学科领域有关人类认知的探究成果。具身认知理论认为,认知在很大程度上是依赖和发端于身体,身体构造与活动决定了人们认知的过程、内容和结果;认知是具身的,而身体又是嵌入环境的,人在适应和改造环境的活动中,通过身体与环境中要素的互动而形成认知;认知、身体和环境组成一个动态的统一体,认知具有情境性、具身性、体验性和生成性。[①]

1. 创设学习情境,以身体感知促进认知

身体在认知过程中扮演着特别而重要的角色,认知是通过身体的体验及其活动方式而形成的,高级信息加工同样受到身体的影响。有科学实验表明,被试手捧一杯热饮时,更倾向于把陌生人的态度判别为热情,手捧冷饮则倾向于判别为冷淡;手拿较重物体时,被试会倾向于认为某事件更重要。人们理解抽象概念时,多以身体的感受和状态进行隐喻,如进步、退步、热情、冷淡、重视、轻视、中心、边缘,等等。教师要创造机会让学生亲身感受地理事物和现象,具体可通过以下途径展开:

(1) 选择恰当时机,让学生亲身经历。

一些地理现象发生在特定的时间,教师可以调整教学进度,把相关内容安排在合适的时机,让学生亲身经历地理现象发生的过程。高中地理选择性必修1"锋面"知识的教学,适宜安排在11月份深秋时节,这一时期北方活跃冷空气南下形成的冷锋,会带来明显的天气变化。教师通过查询天气预报了解冷锋活动情况,在强冷锋过境前后,指导学生观察、记录相应的天气变化过程,在学生有了丰富的感性认识基础上,引导其探究现象背后的地理原理。这样既能激发学生学习兴趣,体现地理学科的价值,又能取得较好的教学效果。以往需要教师说明的一些抽象知识,如冷气团控制下气压较高、暖气团控制下气压较低、单一气团控制下天气晴朗等,学生也通过亲身经历,将其转变为自身经验。

地理是研究地理环境和人地关系的学科,与生产生活联系紧密。结合正在发生的热点事件开展教学,可以使地理知识在真实情境中鲜活再现。例如,2022年下半年,教学中可结合学生都关注的卡塔尔世界杯足球赛,引导学生分析该届世界杯为何安排在秋冬季节而不是惯例的夏季,开幕式为何要到北京时间22时40分才开始,世界杯吉祥物拉伊卜为何穿白袍戴头巾,以及阿尔拜特体育场为何设计成帐篷的样子等问题,这样学习就成为观察和探究周围世界的深度学习活动,知识被赋予了丰富的意义。

---

① 叶浩生. 西方心理学中的具身认知研究思潮 [J]. 华中师范大学学报(人文社会科学版),2011,50(4):153-160.

(2) 营造研学环境，让学生具身感知。

地理现象总是发生在特定的区域，理想的地理学习是能进入地理现象所在的真实场域，调动各种感知觉器官去具身感知，认识它是什么样子，感知它与周围地理要素的空间组合，体悟它的发展变化及与人类的关系。教师要引导学生用地理视角去观察、行动和思考，并在对真实世界的感受和体验中进一步提升理性认识，逐步建立起地理知识之间的关联。按照情境再现真实场景的程度和方式的不同，具身认知可分为实感具身、实境具身和离线具身，可以综合运用各种具身方式。①

实感具身是通过身体与环境或者实物直接接触而产生的具身效应，由主体亲身的感受引发，"吃"梅止渴就是典型的实感具身。② 我国大部分地区都经历过明显的冷锋过境现象，教师可以在当地选择合适的时机开展相关教学。在观察和记录天气变化时，建议运用好工具。工具是身体的延伸，运用工具能增强感知的深度和广度。观察天气要素的工具有气温计、气压计、湿度计、风速仪、雨量筒等，也可以通过查询天气预报获取相关信息。

地理实践活动中，在真实的自然环境、社会情境下进行的考察和调查等，均属于实感具身。我国地域辽阔，不同区域自然和社会经济条件差异大，各地的学校可以因地制宜开发研学课程。学校基于校情和学情，根据研学环境的空间距离和研学实施难易程度，开发出系列校园研学课程、乡土研学课程、长线研学课程，借助地理课、选修与社团课，利用节假日、寒暑假，采取班集体、兴趣小组、亲子研学等形式，灵活地开展自然考察和社会调查活动。其中，校园研学活动如观察校园内不同银杏树秋季落叶的早晚差异，探究影响植物的小尺度因素（光照、土壤等）；寻找校园内雪后残雪最厚的地点，分析光照、气温、下垫面状况等对融雪的影响。乡土研学活动如在苏州西郊天平山，考察因差异侵蚀形成的"一线天""飞来石""万笏朝天"等花岗岩地貌，观察土壤剖面，分析地形与河流、植被的空间组合，品白云泉水，探究裂隙泉的形成；实地参观范仲淹纪念馆，体悟范仲淹心忧天下的伟大情怀。长线研学活动如暑假考察从苏州到阿拉山口的自然与人文地理环境，感知、探究大尺度的地理环境差异。

实境具身是借助外界条件的设置、情境的再现或者亲临现场的观察，产生的感同身受的具身效应，如"望"梅止渴。③ 开展地理实验、使用教具学具、观察地图图像、运用地理信息技术等都属于实境具身的范畴。有些自然现象发生在很大的空间范围内，或者很长的时间跨度内，学生难以直接体验和感知，如地球运动的地理意义、大气环流相关知识等。学习这些地理知识，尤其需要借助模型、图像、动画、视频等形象化媒介，化抽象为具象。

---

① 殷明，刘电芝. 身心融合学习：具身认知及其教育意蕴 [J]. 课程·教材·教法，2015，35（7）：57-65.
② 殷明，刘电芝. 身心融合学习：具身认知及其教育意蕴 [J]. 课程·教材·教法，2015，35（7）：57-65.
③ 殷明，刘电芝. 身心融合学习：具身认知及其教育意蕴 [J]. 课程·教材·教法，2015，35（7）：57-65.

《普通高中地理课程标准（2017年版2020年修订）》强调"充分利用地理信息技术，营造直观、实时、生动的地理教学环境"。在"锋面"教学中，教师利用一款天气信息可视化网页版软件（www.windy.com），创设了数字化虚拟环境，设计了系列问题，引导学生小组合作，利用平板电脑或手机进行探究学习。具体过程如下：

① 选择时间为2022年11月12日，调整为气温模式，在图中找出冷、暖气团。

② 使用连续播放功能，观察接下来一段时间冷暖气团位置的变化情况。

③ 把时间调整为2022年11月13日12点，在图中找出锋线位置，观察锋线前后等压线密度，以及风向、风速的差异，说明将其称为冷锋的原因。

④ 选择冷锋过境后的某地，打开探空模式，得到该地从地面到高空的气温变化图，找出图中出现逆温的高度范围，分析形成逆温层的原因。

⑤ 分别调整为云量模式、降水量模式，分析降水发生在锋面的什么位置，并用图文进行解释。

⑥ 选择合适的时间段，用连续播放的方式，演示苏州冷锋过境前后冷暖气团的位置变化，并说出苏州在冷锋过境前、过境时、过境后的天气状况。

离线具身是通过自身的经验、他人的言语描绘或自己的心理想象唤起的具身效应，如"想"梅止渴，离线具身能激活先前经验所涉及的感知觉、运动、内省系统。① 人教版教材（实验版）引用了《水浒传》中的一段文字，帮助学生感知冷锋过境带来的天气变化："是日，日无晶光，朔风乱吼……其时正是仲冬天气，连日大风，天地变色，马蹄冻合，铁甲如冰……次日彤云压阵，天惨地裂……当晚云势越重，风色越紧。吴用出帐看时，却早成团打滚，降下一天大雪……那雪降了一夜，平明看时，约已没过马膝。"许多教师借用古诗词帮助学生感知锋面天气，效果良好。例如，"一层秋雨一层凉"描写北方地区秋季到来，冷锋频繁南下造成的影响；"忽如一夜春风来，千树万树梨花开"反映快行冷锋造成的大风暴雪天气；"黄梅时节家家雨，青草池塘处处蛙"则描述夏初准静止锋带来的连绵阴雨。

2. 开展学习活动，在问题解决中发展认知

具身认知理论认为，知识不是被传递和授予的，而是学生在与环境的互动中，通过感知、行动、体验、内省获得的；知识不是独立于个体的客观存在，会随着学生新体验的生成而不断修改，具有生成性特征。学生要成为学习的主体，而不是知识的接收器，就得有参与活动的机会，有"亲身经历"（用自己的身体、头脑和心灵去模拟、经历）知识的发现（发明）、形成、发展的过程的机会。② 有效学习活动的开展，需要教师依据学生的发展水平和学习目标，结合当下的学习资源，制定合理的学习活动方案。学生

---

① 殷明，刘电芝. 身心融合学习：具身认知及其教育意蕴 [J]. 课程·教材·教法，2015，35（7）：57-65.
② 刘月霞，郭华. 深度学习：走向核心素养（理论普及读本）[M]. 北京：教育科学出版社，2018.

在以问题解决为目标的学习活动中，与环境要素互动从而发展认知。"锋面"学习活动可安排如下：

（1）观察与记录。

学生小组合作，利用气温计、气压计等工具，测量、记录 11 月 12—14 日苏州的天气变化，并填写气象观测记录单（表 3-1）。

表 3-1 气象观测记录单

日期	观测时间	气温/℃	气压/hPa	风向	风速/(m/s)	阴晴
12 日						
13 日						
14 日						

（2）分析与思考。

学生小组合作，查阅教材和其他相关资料，解释观察到的现象。借助网页（www.windy.com），完成相关任务。

（3）汇报与展示。

学生小组合作，制作 PPT，用图文、视频等形式，汇报学习成果。

3. 开展表现性评价，在合作交流中深化认知

表现性评价是指对学生在真实情境中完成某项任务或任务群时所表现出的语言、文字、创造和实践能力的评定，也指对学生在具体的学习过程中，所表现出的学习态度、努力程度以及问题解决能力等的评定。

具身认知理论强调，认知根植于人的身体及其与环境交互的作用之中。这里的环境不仅指周围的物理环境，也包括合作交流的学习环境。认知过程有身体的感受、体验、经历等经验层面的嵌入，学习共同体中的交流和互动有助于实现个体自身体验和经验的分享。表现性评价能有效评价具身认知过程，并引领学生的具身认知活动。

针对"锋面"学习过程实施的表现性评价，可以从多维度进行，如学生参与学习的态度、合作的意识、使用工具和信息技术的能力、查阅和运用资料的能力、交流和展示的效果、反思和改进的意识等；可以采取学生自评、学生互评、教师评价等方式，从不同主体的评价中获取多样的反馈。要在整个学习过程中持续评价，引领学生优化学习活动。

三、具身认知是地理学习的应然态势

具身认知理论强调认知是在大脑、身体与环境的互动中形成的，因此，"做中学"有特别重要的价值。地理学科自身有很强的实践性，2017 年版课标倡导具身认知的学习方式，重视开展地理实践活动，指出"考察、实验、调查等是地理学重要的研究方

法，也是地理课程重要的学习方式"，要求学生"能够运用所学知识和地理工具，在室内、野外和社会的真实环境下，通过考察、实验、调查等方式获取地理信息，探索和尝试解决实际问题"。

地理实践力是地理学科核心素养之一。"地理实践力的培育，有助于学生在真实环境中运用适当的地理实践活动方式，观察和认识地理环境，体验和感悟人地关系，并在活动中做到知行合一、乐学善学、不畏困难。"① 由此可见，从地理学科的实践性特点和培育地理实践力的课程目标看，具身认知是地理学习的应然态势。

第二节 具身认知理论下校园地理实践课程的构建
——以"校园植被观察"为例

《普通高中地理课程标准（2017年版 2020年修订）》提出的地理课程基本理念之一是："创新培育地理学科核心素养的学习方式。根据学生地理学科核心素养形成过程的特点，科学设计地理教学过程，引导学生通过自主、合作、探究等学习方式，在自然、社会等真实情境中开展丰富多样的地理实践活动。"② 具身认知理论认为，认知在很大程度上依赖和发端于身体，人的身体构造与活动决定了其认知的过程、内容和结果。认知是具身的，而身体又是嵌入环境的。人在适应和改造环境的活动中，通过身体与环境中要素的互动而形成认知，认知、身体和环境形成一个动态的统一体。③ 自新课程实施以来，不少地理教师开展了一些校外研学实践活动，但实践活动的推广普及还面临着时间、地点、经费、安全等方面的制约。把研学实践地点选择在校园内，通过在校园内开展考察、实验和调查等地理实践活动，能使学生在具身活动中增强认知，在潜移默化中达到身心一体、心智统一，提升对真实世界的感受和认识，并逐步构建地理知识间的关联，提升地理实践力等地理核心素养。

一、具身认知理论下校园地理实践活动的课程建设

在校园中实施地理实践课程，引导学生从探究身边的实际地理问题入手，使学生学会观察、分析校园小尺度环境中反映的地理现象，形成欣赏、热爱、感恩、保护自然环境的情怀，进而达到提升科学品质、地理实践力的目的。

---

① 中华人民共和国教育部. 义务教育地理课程标准（2022年版）[S]. 北京：北京师范大学出版社, 2022: 5.
② 中华人民共和国教育部. 普通高中地理课程标准（2017年版 2020年修订）[M]. 北京：人民教育出版社, 2020: 1-2.
③ 叶浩生. 西方心理学的具身认知研究思潮 [J]. 华中师范大学学报（人文社会科学版）, 2011, 50 (4): 153-160.

1. 依据具身环境，挖掘活动资源

西安交通大学苏州附属中学是苏州工业园区的一所高中，一半左右的学生为寄宿学生，所有学生均需要在校上晚自习，学生在校时间较长，为校园地理实践活动的开展和研究提供了时间保证。学校近年来陆续建成了校园气象站、地理专用教室，添置了天文望远镜、矿物岩石标本、土壤标本等教学资源，这些都丰富了校园地理实践活动的研究内容。校园内种类较多的植被类型、不同质地的土壤剖面是学生观察探究植被、土壤与环境的样本资料，矗立在校园内的各类岩石可作为岩石学习的良好素材，校园里的日晷、傅科摆、气象站、农业园等设施场所均可成为地理研究的现实资源。

教师充分挖掘校园地理活动资源开展问题研究，不但可以降低实践活动的难度，让学生熟悉发现并解决问题，促进具身认知，而且可以增强学生实践活动与日常生活的关联性。

2. 确定内容、目标，调动身心参与

校园地理实践活动内容的选择可遵循如下原则：依据校情和学情、结合学生的认知发展规律、符合课标要求、与教材内容匹配。例如，刚入校的高一学生，对校园环境是陌生的，因此教师可组织学生以小组为单位开展"绘制校园平面图"的地理实践活动，这样学生既能熟悉校园环境、增加对校园的了解，也能在活动中形成协作能力、观察绘图能力，进而提升地理实践力。校园地理实践课程目标的设计要体现地理核心素养的培养，同时实践活动要突出必要性和可操作性。

以高一学生为授课对象，以人教版高中地理必修第一册教学内容为基础，结合校园实践活动资源所设计的校园地理实践活动如表3-2所示。

表3-2 校园地理实践活动一览表

章节名称	实践活动内容	校园实践活动场所及资源	学习目标
开学第一课	参观校园，绘制校园地图	整个校园	校园内辨认方向；熟悉校园各教学楼位置；依据地图三要素手绘地图，增强动手绘图的能力
第一章 宇宙中的地球 第一节 地球的宇宙环境	开展简单的天文现象观测活动，利用日晷学习古人计时原理	学校高楼楼顶平台或空旷的操场	学习简单的天文观测知识，记录观测结果；利用日晷理解古人计时原理
第二章 地球上的大气 第一节 大气的受热过程和大气运动	观察校园气象站	校园气象站	认识百叶箱，会读取温度数据；认识风向标，会看风向；认识雨量筒，了解其工作原理
第三章 地球上的水 第一节 水循环	观察校园某景观湖并绘制其水循环示意图	校园某人工湖、池塘	观测校园河湖水质、水位变化；运用水循环原理，绘制校园河湖水循环示意图

续表

章节名称	实践活动内容	校园实践活动场所及资源	学习目标
第五章 植被与土壤 第一节 植被	观察校园植被	校园内植被	观察、调查、记录校园的植被与环境状况；查阅资料，综合分析植被与环境的关系；撰写校园植被观察报告，为美化校园建言献策
第五章 植被与土壤 第二节 土壤	观察校园的土壤	校园内土壤	观察采样不同类型的校园土壤，对其质地、类型进行对比分析，理解土壤形成的影响因素及植物与土壤的相互关系
第六章 自然灾害	灾害来临自救、互救演习	教室、校园等地	模拟地震等自然灾害发生时的自救与互救措施

3. 注重实施过程，优化活动步骤

开展校园实践活动，对校园环境要素进行观察、测量、取样、分析，可以按照下图所示的一般步骤进行。学生根据实践活动目标、实施步骤，创造性地完成实践活动，把调查结果形成研究报告、论文或其他成果进行分享汇报；教师对学生的实践活动进行过程性评价和终结性评价，总结形成完整的研学记录，将其纳入学生综合素质评价体系。

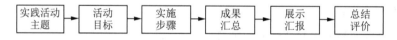

校园地理实践活动课程实施的一般步骤

二、具身认知理论下的校园实践活动课程设计与实施

学校绿化率近50%，校园内乔木、灌木、草丛错落有致，这为开展校园植被观察的实践活动提供了良好条件。因此，教师结合教材《植被》一节中的"活动"——"通过调查，了解校园树木与环境的关系"，设计了以"校园植被观察"为主题的校园实践活动课程，并组织学生实施了以校园植被（乔木）为研究对象的校园植被调查活动。

1. 指向核心素养的活动目标设计

对于新入学的高一学生而言，其地理基础较薄弱，地理思维和实践活动能力不足。实践课程的开展可以帮助学生更好地理解植被与环境的关系，提升综合思维能力；学生在实践中通过查阅资料、观察植被、记录结果、提出问题、推测分析结果等实践方法，能够发展地理实践能力；学生在实践活动中能够感悟人地和谐，进而增强爱学校、爱自然的感情。

根据核心素养的培养要求可设计实践活动的学习目标：

① 分组分片区进行校园植被实地考察，观察、识别校园主要乔木，记录不同乔木的数量、分布位置及其叶、花、果等外部特征，并手绘主要乔木的外部特征图（地理实

践力)。

② 搜集校园主要乔木野外分布的生长环境资料,观察、对比、分析其在校园内的生长状况,理解环境与植被的相互关系(综合思维)。

③ 通过校园植被观察实践,学会用所学知识发现并解决身边地理问题,感悟因地制宜规划校园环境的重要性,并为校园绿化提出合理性建议(人地协调观)。

2. 具身环境下的实践活动实施步骤

(1) 前期准备。

第一,以备课组或教研组为单位,分组对校园植被进行调查。教师可利用"形色""花伴侣"等软件,或寻求专业人士的帮助,识别校园主要乔木类型。经过调查核实,学校主要乔木约有46种。

第二,培训学生掌握观察植被的方法。对参加调查的学生进行主题为"植被的识别""植被与环境""如何采集叶片,制作标本""植物绘图"等方面的培训讲座,让学生掌握植被的调查方法。

第三,调查区域划分,对学生进行分组。教师在校园平面图上进行调查区域的划分,确定各组成员身份,如组长、调查员、记录员、绘图员、标本采集员、资料收集员、审核员等;组长布置组员的主要工作。

(2) 调查实践。

第一步:学生分组调查。各小组组员分工合作,调查员和记录员填写植被调查记录表(表3-3);采集员采集植物的叶、花、枝、果、树皮等标本,用于后期标本的制作;绘图员完成不同植物叶、花、枝、果等部分或整体植物的手绘图;资料收集员和审核员按照调查表的数据,上网搜集并审核植物资料的正确性,形成图文资料。在调查过程中教师随同并适时给予指导。

表3-3 植被调查记录表

时间	地点	标号	物种/科	植株数量/棵	生长环境(光照、温度、水分、地势、土壤、生物)	生长状况					有无特殊根茎
						植株高度	叶(颜色、大小、形状、枯黄情况等)	落叶状况(是否、多少等)	花(是否开花、多少、状况等)	果(是否结果、多少、状况等)	

第二步:探讨实践活动中发现的问题,并积极寻找答案。例如,学生发现学校食堂门前,有一棵银杏树比周围其他几棵银杏树落叶晚,针对这一问题学生进行了积极探究和讨论。

3. 成果汇报与展示

（1）成果制作。

学生制作了《西安交通大学苏州附属中学校园乔木万叶集》（简称《万叶集》）和《西安交通大学苏州附属中学校园植物志》（简称《植物志》），装订成册。

《万叶集》中的叶片标本

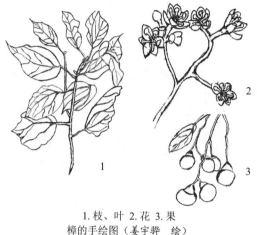

1. 枝、叶 2. 花 3. 果
樟的手绘图（姜宇骅　绘）

《植物志》中的绘图

（2）总结建议。

学生经过校园植被调查，针对校园绿化提出了自己的建议，还撰写了小论文。例如，有论文从人工栽种的外来植被与本土植被对比入手，对两类植被在校园内的生长状况进行分析，并提出了种植建议。小论文在课堂进行讨论后再总结提炼，可行性的建议可提交至学校总务处，为学校绿化做出自己的贡献。撰写小论文，不仅能够培养学生分析问题、搜集资料、提取信息、语言表达等方面的能力，而且能够提升学生的科学研究能力和地理实践力，增强学生的主人翁意识。

4. 注重过程性评价

本次实践活动面向的是高一学生，学生的参与度较高，但对于问题的提出和原因分析，学生难以综合性地进行分析、表述。因此，教师将评价重点放在了过程性评价上，主要关注学生的观察和调查能力、组织协调能力、假设推理能力，以及小组分工协作精神、实事求是意志品质等。评价量表如表3-4所示。

表 3-4 "校园植被观察"评价量表

活动阶段	评价指标	分值	学生自评	学生互评	教师评价
前期准备	水平 1：能基本掌握运用软件识别植物的方法及其他观察植物的方法，对本次观察活动的目的、流程知之较少	1			
	水平 2：能掌握运用软件识别植物的方法及其他观察植物的方法；能大致说出观察的内容，初步了解本次观察活动的目的、流程	2			
	水平 3：能熟练掌握运用软件识别植物的方法及其他观察植被的方法；能自主理解活动的目的、流程与任务安排，在团队中可发挥积极作用	3			
	水平 4：能熟练掌握运用软件识别植物的方法及其他观察植被的方法；能准确理解活动的目的、流程、任务安排、小组合作内容、注意事项等；能主动参与团队的分工任务，在团队中发挥积极、主导作用	4			
调查实践	水平 1：能初步完成分工任务，合作意识较低，参与活动的兴趣较低，实践中没有感兴趣的问题提出	1			
	水平 2：能与组内成员合作完成分工任务，有一定合作意识，能基本按照要求开展活动，对活动的兴趣有限，实践中能提出 1~2 个感兴趣的问题	2			
	水平 3：能与组内成员合作，较好地完成分工任务，合作意识较强，对活动有兴趣；能主动与他人合作完成复杂的活动任务，实践中能提出 2 个以上感兴趣的问题，并提出假设性推理	3			
	水平 4：能积极主动参与活动任务，对活动有浓厚的兴趣；实践步骤有序合理；组内合作与分工明确，能高效完成分工任务，完成质量高；能综合分析某一植物与校园环境的相互关系，实践中能提出 2 个以上感兴趣的问题，能提出假设性推理并不断验证	4			
成果汇报与展示	水平 1：叶片采集及手绘植物图质量不高，提出的问题及论证观点逻辑不清；缺乏情感体验，未能形成人地协调观	1			
	水平 2：叶片采集及手绘植物图可用，提出的问题论证较严谨，逻辑性较强，语言表达基本流畅；能描述自身的活动体验，基本认识到植被与环境的关系	2			
	水平 3：叶片采集及手绘植物图可用，结论观点准确，论证严谨，逻辑性强；能运用地理术语进行表述，语言表达比较流畅；能举例分析校园植被与环境的关系，理解人地协调发展的重要性	3			
	水平 4：叶片采集及手绘植物图可用，成果形式丰富，能够较为全面、科学地分析植被与环境的关系；地理术语运用得当，语言表达较为流畅；能对考察活动进行深刻反思，发现不足并提出有效改进建议，能体现出热爱自然、学校的情感	4			
总评	（学生自评得分×30%＋学生互评得分×30%＋教师评价得分×40%）_____				

三、开展校园地理实践活动课程的反思

第一,学生对学校的一草一木、一砖一瓦都十分熟悉,有时过于熟悉会导致视而不见,因习以为常而缺乏探究兴趣。这就要求教师在活动内容的选择、环节的设计上,以地理学科核心素养的培养为宗旨,将地理理论知识和生活中的实际应用结合起来,增强活动探究的趣味性,引导学生从地理视角去发现、观察、研究身边的地理事象,逐步增强地理实践力。

第二,实践活动的开展需要教师具备较强的能力素养,同时也要求教师增强自身的地理实践力。例如,观察校园植被,教师需要提前对整个校园的植被进行辨认,深入了解植被识别和观察的方法,以便在活动中对学生进行陪同和适时指导。另外,教师还需要掌握一定的植被采样、标本制作、绘图等技能,便于有效指导学生后期制作作品。

第三,校园地理实践课程的创设,需要教研组团队群策群力在不断地开发和实践中积累、完善、传承、发展,形成符合学生学情,适合校情的本土校园地理实践活动课程。在课程实施中可以以地理实践活动选修课、地理实践社团为载体,在校园内通过实地考察、动手实验提升学生地理实践力。

具身认知理论认为认知是具身的,而身体又是嵌入环境的。有组织、有计划地利用最方便获取的校园场域环境来开设地理实践课程,通过完成挑战性任务提高身心参与度,实现身体的回归,进而实现认知的意义建构和地理核心素养的培养目标,对于培养学生人地协调观和地理实践力素养具有重要的意义。

第三节 地理学具的制作与运用

一、制作与运用地理学具的背景

有些地理现象发生在很大的空间范围内,或者很长的时间跨度内,难于直接体验感知,如地球运动、大气环流、大洋环流等。学习这些知识需要借助图像、模型、动画、视频等形象化媒介,化抽象为具象。地理图像最为方便,但对动态过程表现力较弱。动画和视频具有形象逼真、资源丰富、使用方便的优势,但以教师的操作和展示为主,学生缺少在问题情境中探究学习的经历,只是被动地接受信息,获得"观察的经验"。学生似乎看明白了,却没有形成个人经验,缺乏深度理解。

学具是学生在学习活动中直接操作的工具,能支持学生在问题引领下,通过操作性活动进行探究式学习,使知识和自身经验相结合。学习时空尺度较大的抽象知识时,学具能发挥很好的辅助作用。新课程标准倡导"自行设计和制作各种地理教具、模型,开

发各种地理教学软件"①，不断扩大地理课程资源库的容量，提高地理课程资源库的质量。教育主管部门每年都举行教师和学生参加的自制教具学具比赛，鼓励制作和运用教具学具。与其他学科相比，地理学科参赛的教具学具种类少、质量不高、功能不强，教具学具运用也缺少有效的策略，使用效果不够理想。以下是学具制作和使用方面的策略和方法。

二、制作地理学具的策略

1. 充分认识地理学具的价值

新课程不仅重视教师的"教"，更重视学生的"学"。对学生的学习活动而言，"学具"相较于"教具"，有独特的应用价值。课程标准要求学生能够运用所学知识和地理工具，在室内、野外和社会的真实环境下，通过考察、实验、调查等方式获取地理信息，探索和尝试解决实际问题。运用地理学具学习，属于广义的"地理实验"。运用学具学习有利于突出学生的主体地位，让学生真正参与到学习过程中来；有利于转变教师观念，把促进学生有效地学作为教学活动的中心；做中学，有利于提高学生实践能力，激发学习兴趣，提升学习效率。

例如，学习等高线相关知识时，可以运用等高线学具进行探究学习。制作该学具先根据教学需要，在三维图像软件中准确表示出山脊、山谷、山顶、鞍部、陡崖、凸坡（不可通视）、凹坡（可通视），以及山坡上的凸丘（等高线数值"大于大的"）、山坡凹坑（等高线数值"小于小的"）等地形，然后用泡沫海绵分层雕刻出来，不同颜色表示不同海拔范围。使用时学生把模型分层拿下来，按在纸上沿着轮廓可以绘制出相应的等高线地形图。

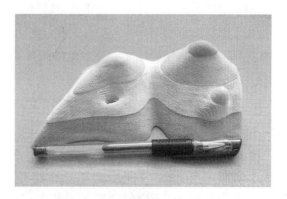

等高线学具

学生利用学具辨认不同地形部位，再动手绘制出等高线，并把等高线地形图与实物对应，"发现"不同地貌的等高线特征。学生可以运用学具和等高线地图，在寻找水源、选择合适宿营点、选择最佳观日（日出或日落）点、从制高点通视山麓等情境化任务中进行合作探究学习，以此赋予知识现实的意义。

---

① 中华人民共和国教育部. 义务教育地理课程标准（2022年版）[S]. 北京：人民教育出版社，2022：45.

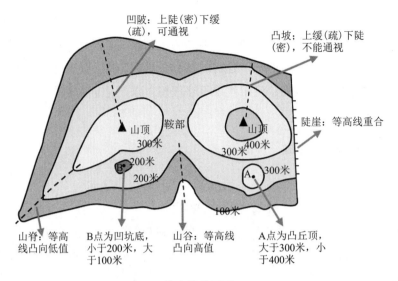

等高线地形图

2. 依据学情，选取合适知识点

根据教学要求和具体学情，针对学生感到困难的重要知识点制作学具。一般空间上宏大、时间上漫长的地理现象和地理过程，适合使用学具来辅助学习。比如，太阳直射点回归运动的规律、月相的变化与升落规律、地球上新旧日期范围的变化、昼夜长短与正午太阳高度角的变化、太阳升落方位变化、气压带风带的季节性移动、气候的形成分布规律、锋面与气旋反气旋等常见的天气系统、不同地貌的等高线表示方法等教学内容，就比较适合使用相关学具学习。

例如，"地球自转产生地方时的变化，并导致地球上新旧日期范围此消彼长的现象"是学习中的难点，学生可以制作并使用相关学具。学具底片是以北极点为中心的极地俯视图，绘制不同时区、中央经线、日界线，以及日界线以东的 X 日、以西的 X+1 日。透明上片绘制北半球夏半年某日的太阳光线、晨昏线、不同位置的时刻，突出标注了 0 时线及其两侧不同的日期 X 日和 X+1 日。底片与透明上片通过圆心固定在一起，逆时针旋转底片，模拟地球自转，可以观察到不同时区的时间差异和变化，直观感受到新一天（X+1 日）的范围不断增大，旧一天（X 日）的范围不断减小。

学生可通过操作上面的学具探究以下内容：

（1）观察时区的名称和分布，找出各时区的中央经线度数，发现、归纳相关规律。

（2）演示北京时间为 0 时、6 时、12 时、18 时的状况，观察 120°E 经线与太阳光线的位置关系。

（3）对比不同时区的区时差异，思考不同时区区时的换算方法。

（4）分别演示新一天范围占全球 1/4、1/2、3/4 和全部的状况，观察不同情况下 180°经线的时刻，分析 180°经线时刻与新一天范围的关系。

■ 第三章 身心融合学习：具身认知的教学启示

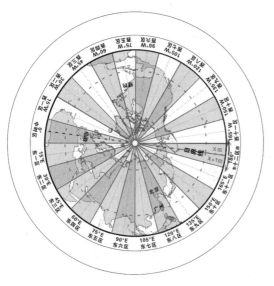

新旧日期范围变化学具底片　　　　　新旧日期范围变化学具透明上片

3. 分工合作，提高学具质量

制作学具的一般步骤：

（1）查阅资料，了解已有学具的情况，并通过实际运用，发现其长处和不足。在已有成果的基础上，通过头脑风暴进行改进或创意设计。

（2）运用绘图软件进行图纸设计。简单图形可以用 Word、PowerPoint 绘制，复杂图像建议使用专业绘图软件，如 CorelDraw、Photoshop、CAD 等。专业绘图软件精度高、功能强大、调整方便，且易于后期与制作方沟通分享。

（3）选用合适的工具和材料，动手制作模型。自主制作困难的工序，可以寻求相关商家代为加工。

学具制作涉及知识与原理、教学理念与方法、制作技术与原料等，组建团队、有效分工与合作才能制作出科学实用的学具。比如：邀请学科专家对学具的科学性、有效性进行论证；吸收学生参与学具的制作、使用和测评，获取学生视角的建议；与专业厂家合作，突破复杂工艺限制等。制作完成的学具，要在实际使用中发现问题，不断改进、优化。

4. 巧用身边物品，提高制作效率

巧妙运用身边物品和工具制作学具，可以节省制作成本与时间，提高产品性价比，便于推广运用。

例如，利用盛放蛋黄酥的小盒子，就可

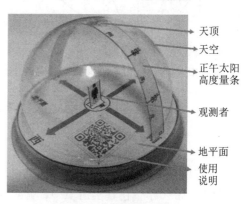

太阳周日视运动轨迹学具

以制作演示太阳周日视运动轨迹的学具。学具底座代表地平面，中间的小人代表观测者，标注有东西南北方向；透明半球形上盖代表天空，其内侧贴有高度计量条，用来计量正午太阳高度角的大小。学具可以帮助学生直观理解地平圈、天顶、太阳高度角、日出日落方位等概念。学生可以用彩笔在透明半球外侧绘制不同纬度、不同节气的太阳视运动轨迹，从中发现变化规律。

5. 叠加透明图层，表现时空变化

将地理要素印制在不同图层，并通过图层的平移、旋转来表现地理现象的时空变化，是制作学具常用的手段。制作透明图层时，可将内容打印在透明硫酸纸上，再用塑封机塑封，也可以找商家直接将内容印制在透明PVC板上。

例如，制作探究太阳直射点回归运动地理意义的学具，在底片上绘制经纬线、不同纬度的地平面、南北方向，以及观察者的天顶；量角器用来度量太阳直射点的纬度。上片用透明材料制作，绘制有太阳光线、太阳直射点、昼夜半球、太阳光线与地平面之间的夹角（表示正午太阳高度角）。将上、下片叠放在一起，圆心处用铆钉固定，旋转上片，使太阳直射点在南北回归线之间移动，可以表现各地昼夜长短、正午太阳方位、正午太阳高度角，以及极昼极夜范围的变化。

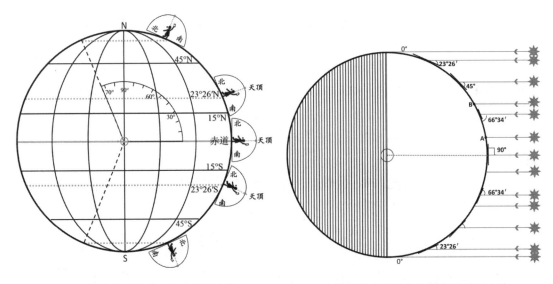

太阳直射点移动的地理意义学具底片　　　太阳直射点移动的地理意义学具上片

三、有效运用地理学具的方法

1. 在情境化任务中使用学具

教师可以在个别辅导、研究性学习、选修课与社团课、日常教学等不同课型的开展过程中，带领学生在真实情境中，针对问题，运用学具开展探究性学习活动，将抽象的知识与具体的感性认知相结合；从单一向度的知识授受，转为特定情境下，以身体运动为纽带的教师和学生之间的合作探索活动。比如,学习"月相的变化与升落规律",可以设计如下学习活动。

(1) 观测与记录。

在农历上半月,连续几天在傍晚6点观测月亮在天空中的位置和形状,并画图记录;或农历下半月,连续几天在早晨6点观测并记录。

(2) 推测与分析。

分析月相变化和升落规律,推测其他日期月亮的位置和形状,并且绘制在记录图中。利用"月相的变化与升落规律"学具,探究月相的变化与升落,解释自己的观测与推测。

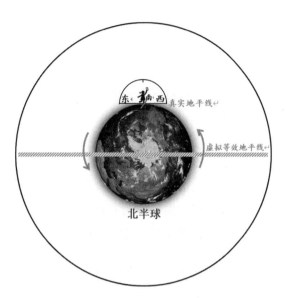

月相的变化与升落底片

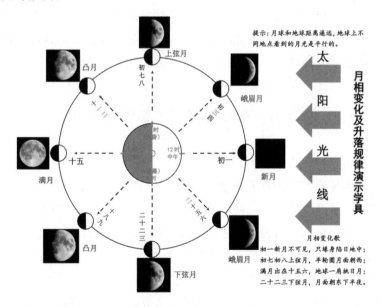

月相的变化与升落上片

(3) 运用与迁移。

收集描写月亮的古诗词,如"月落乌啼霜满天,江枫渔火对愁眠。姑苏城外寒山寺,夜半钟声到客船""人闲桂花落,夜静春山空。月出惊山鸟,时鸣春涧中"等。运用所学知识分析诗词中的月亮形状、出现日期和大致时刻。

(4) 交流与反思。

与同学交流学习成果,反思学习中的收获与感悟。

2. 在表现性评价中发展核心素养

运用学具的探究式学习，适合采用表现性评价。表现性评价是指对学生在真实情境中完成某项任务或任务群时所表现出的语言、文字、创造和实践能力的评定，也指对学生在具体的学习过程中，所表现出的学习态度、努力程度以及问题解决能力等的评定。表现性评价能引领学生改进运用学具的探究性学习活动，有利于学生获得更多的自我效能感。

实施表现性评价，可以从多维度进行，如参与学习的态度、合作的意识、使用工具和信息技术的能力、查阅和运用资料的能力、交流和展示的效果、反思和改进的意识等。可以采取学生自评、学生互评、教师评价等方式进行评价，使学生从不同主体的评价中获取多样的反馈，进而提升学科核心素养。

四、新课程下地理学具运用前景展望

学具的功能定位于服务学生学习，支持学生在情境中，通过动手动脑的自主合作探究活动，在问题解决中实现深度学习。因地制宜制作和运用地理学具，对改善地理学习过于偏重文本符号的传递与加工或利用多媒体高强度灌输的状况，实现新课程倡导的实践性学习、探究式学习，有积极意义。在新材料、新技术支持下，目前地理学具更容易制作，且能做得更好。地理学具将在地理学习中发挥更大的作用。

第四节　角色扮演在地理教学中的运用

角色扮演最初是一种心理教育方法，美国从 20 世纪 60 年代开始将其引入课堂教学。近年来，角色扮演教学法在我国也逐渐受到关注，被尝试运用于许多学科教学之中。角色扮演教学法是教师提供一种涉及价值争论的问题情境，组织学生扮演其中的角色，以角色的身份提出解决问题的办法，使自己和其他学习者从"表演"中受到启示，从而领悟知识、发展能力和建构意义的教学方法。[①]

新课程要求改变学生单一、被动的学习方式，张扬学生在学习中的主体地位。角色扮演教学法以学生为中心，学生参与积极性高、互动性强，是符合新课程理念的教学方法。实施角色扮演教学法的策略如下。

1. 选择内容

任何一种教学方法，都有其独特功能与适用范围。角色扮演教学法对问题情境有一定的要求：有不同的人群或者社会机构，各有自己的利益和诉求；涉及不同的价值观点，有时难于统一，需要协调兼顾；解决问题有多种办法和途径，可以在比较中选择。

---

① 蔡敏."角色扮演式教学"的原理与评价 [J]. 教育科学，2004（6）：28-31，52.

根据课程目标精心选择适合于角色扮演活动的学习内容，是设计角色扮演活动的前提。例如，面对亚马孙雨林因为过度开发造成严重破坏的现状，可以安排原住民、当地政府官员、商业伐木公司老板、世界环保组织人员等角色，就如何开发利用亚马孙雨林，各种角色站在自己的立场发表意见。

地理学关注环境与发展问题，解决这些问题既要坚持可持续发展的原则，又要协调好各方利益，提出切实可行的措施。所以，在地理教学中运用角色扮演教学法大有可为。

2. 创设情境

情境作为戏剧作品的构成要素，用以表现主题的情节及境况。恰当的情境能凸显矛盾，为角色的个性化活动提供背景。有效开展角色扮演活动，需要创设恰当的情境。

如就全球变暖问题创设模拟法庭情境，设置原告方（面临淹没的岛国图瓦卢总统、生产遭受损失的非洲农场主）、被告方（火力发电厂、商业伐木公司），以及法官、陪审团、环保专家等角色。通过法庭辩论、质证来阐明全球变暖的原因、危害和对策。再如就水资源利用主题，模拟水价听证会，由居民、自来水公司、环保机构、政府官员代表阐述观点，通过不同利益、不同观点的冲突来探讨合理利用水资源的措施。

3. 分配角色

角色原指戏剧中塑造的个性鲜明的人物，是推动剧情发展，揭示主题的关键。现实生活中，不同利益方对同一问题态度存在差异，不同知识经验的人群分析问题也各有独特的视角。合理设置角色需要从教学目标出发，选择相关利益方或知识经验不同的社会群体。

例如，针对"举例说明产业转移对区域地理环境的影响"，教师创设了苏州昆山部分劳动密集型企业和污染企业向苏北地区迁移的情境，设置了迁移企业董事长、昆山市市长、连云港市招商局局长、连云港市环保局局长、苏北外出农民工、江苏省省长6个角色。各角色利益和职责不同，看待问题有不同的视角。迁移企业董事长从降低成本、获取更大经济效益的角度谈企业迁移的原因；昆山市市长则从本地区"腾笼换鸟"、产业转型升级出发，衡量利弊；连云港市招商局局长着眼于当地经济发展，大力招商引资；连云港市环保局局长从自己的职责出发，对产业转移带来的环境污染问题有更多的思考；江苏省省长则站在全省协调发展、合理分工的角度看待此类产业转移；从苏北外出农民工角度看，产业转移将带来更多在家乡务工的机会。从以上特定角色出发，对产业转移的原因与影响进行多方位的分析，能有效达成前述教学目标。

合适的演员是演戏成功的保证。学生在能力、生活学习经历、气质秉性、知识积累等方面有差异，角色扮演活动需要合理分配角色。提倡教师在学生自愿的基础上进行协调，不仅有利于调动学生参与的积极性，还能提高活动质量。

4. 充分预设

演员演戏需要揣摩剧本。教师考虑到学生已有的知识基础与经验，适当补充背景材料，才能引导学生沿着预设的方向进行表演。如上述产业转移案例中，苏南向苏北地区的产业转移是在什么样的背景下发生的？主要是哪些类型的企业？学生可能缺少相应的认识，影响角色扮演的质量。实践中教师提供以下两则新闻材料，各角色从不同的视角提取有用信息，从而顺利完成角色扮演任务。

材料一

昆山中国苏旺你有限公司是一家生产劳保用手套的日资公司，也是1984年昆山引进的第一家外商独资企业。2006年，昆山中国苏旺你有限公司谋划了第二次搬迁，这一次它搬到了苏北，把昆山作为中国区总部，负责研发等工作，而把劳动密集的加工环节转移出去。

与它有着同样情形的还有25家劳动密集型的外资企业。从2004年年底开始，备受土地紧张、能源短缺困扰的昆山市由政府出资实施"腾笼换鸟"计划，陆续搬迁改造资源消耗型工业企业，腾出土地用来发展高科技、高效益、低污染的产业。

材料二

苏北地区投资贸易洽谈会昆山市产业转移部分推介项目（2006年11月）

企业名称	属地	项目名称	投资额/万元
尚志造漆（昆山）有限公司	昆山	漆制造项目	2000
昆山城东化工有限公司	昆山	化工项目	3000
昆山金纺印染助剂有限公司	昆山	印染助剂项目	3000
昆山市凡人玩具有限公司	昆山	布绒玩具项目	1500
昆山珍兴鞋业有限公司	昆山	鞋业生产项目	2000

对于比较复杂的问题，教师可以指导学生课前做好必要的资料查询等准备工作。如城市能带动区域社会经济的发展，但不合理的城市化也带来交通拥挤、环境质量下降等问题。教师提出我国城市化应该加快（减慢）的辩题，课堂上以辩论赛的形式深入了解城市化的内涵，课前则指导学生熟悉辩论赛的规则，商议辩论策略，查询相关资料（我国目前的社会经济发展状况、城市化情况、相关政策，突出的城市化问题等）。

5. 机智生成

课堂教学是一个动态生成的过程，再精心的预设也无法预知全部细节。在角色扮演这种开放性活动中，更有可能出现意外，教师需要机智应对、巧妙引导，生成预料之外的精彩。如某班课上，扮演连云港市环保局局长的同学坚决反对污染企业转移到本地区，该角色参与活动的难度较大，需要教师机智调整情境信息：假如在你上任前，这些企业已经入驻，作为新任局长，你打算如何履行好自己的职责？该同学则相应提出加强环境管理，控制"三废"排放，整治环境污染，实现经济发展和环境保护的协调等措施，从而顺利达成教学目标。

角色扮演活动中，最容易出现学生角色意识不清、主题偏离的情况。教师分配任务时，要强调"演戏"成功的秘诀在于认真审读"剧本"，不可偏离主题；提醒学生进入情境，体验角色心理，使用角色的个性化语言。如果学生不熟悉角色扮演的学习方式，教师在学生准备阶段就要留心学生的讨论方向，及时交流、引导。

角色扮演这种新鲜的学习方式，容易引发学生情绪起伏。学生表演失当，可能会被其他学生嘲笑。这需要教师有比较强的课堂调控能力，既善于调动学生参与的积极性，又及时稳定学生情绪，避免冷场或者哄笑的场面。在角色扮演这种体验性的学习活动中，教师要给出更多的积极评价，营造同学间相互欣赏的良好氛围，学生才能消除顾虑，发挥出更大的积极性和创造性。

6. 提升概括

一些公开课上的角色扮演活动，学生活动积极、气氛热烈，但最终的知识目标达成不理想，被讥为"中看不中用的作秀"。原因在于从具体的形象感知到抽象的意义建构还有距离，需要借助教师的精当点拨和及时总结，从形象感知走向理性认知。比如，在产业转移角色扮演活动后，教师结合学生的表演归纳产业转移对区域发展的影响，并整理为结构化板书，使知识的脉络清晰可见。

无论对迁出还是迁入区，产业转移都有多方面的影响。

① 促进区域产业结构调整。通过产业转移，昆山实现了产业升级，从"昆山制造"转向"昆山创造"；苏北地区也得到了发展工业的良机。

② 促进区域产业分工与合作。今天的昆山经济发达、科技先进，生产高技术高效益产品，从事设计与营销。苏北利用自己劳动力、土地价格低的优势，发展劳动密集型产业。先进与落后地区之间的这种分工，从江苏经济的整体发展来看，也是一种合作。

③ 改变区域地理环境。工业的发展带动城市化进程，落后的农村变成了繁华的城市。可以预见，昆山的今天就是苏北的明天。转入地区引进有污染企业时，要做好评估，严格环境管理，实现经济、生态、社会的可持续发展。

④ 改变劳动力就业的空间分布。自改革开放以来，沿海地区率先接收产业转移，经济发展吸引了中西部大量农民外出打工。随着劳动密集型产业进一步向中西部地区转移，农民工回流的现象会越来越明显。

⑤ 结构化板书。

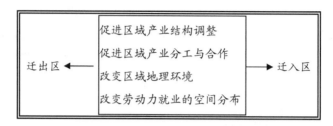

传统的课堂教学中教师是台上的演员,学生是观众。角色扮演教学中教师担任编剧和导演,是学习过程的组织者、激励者、指导者,学生成为舞台上的演员。学生在教师的帮助下自主学习、合作探究,个性化地构建知识、发展能力,真正成为学习的主人。"我听了,我会忘记;我看了,我会记住;我做了,我会创造。"角色扮演教学法引导学生体验角色所处的环境,用角色的眼睛观察世界,有助于学生深化认知、融入感情、获得真切的体验。① 角色扮演教学是新课程背景下值得推广的一种教学方法。

第五节 手绘地图校本课程的开发与实施

《地理教育国际宪章2016》指出,各国和各地的教育决策者和地理教师学科协会应当制定流程,以鼓励国内外有意义的地理教学实践交流,在地理教育中发展创新和有效的教学实践。特别是要引入独特的调查工具,如地图、实地考察等,并且将如何使用地图列为培养学生技能的主要要求。② 2017年版2020年修订的《普通高中地理课程标准》中,"地理实践力"作为地理学科四大核心素养之一,指通过考察、实验和调查等地理实践活动培养意志品质和行动能力。在新课程实施过程中,许多学校和地理教师开展了形式各样的地理实践活动,取得了很好的效果。但是受到时间、出行安全、人员数量等条件的制约,组织学生至校外开展实践活动时间、次数有限,实施起来有一定的困难。因而,利用校本资源,在校内开展地理探究活动,是一个值得尝试的好办法。通过手绘地图校本课程"我图我秀"的开发,学生既是学习者又是参与者,通过选择手绘地图主题,阅读不同类型地图,用地理原理规律解释地图、使用地图,最后自己绘制地图。在一系列活动中,培养学生良好的地图素养,能够利用地图来解决实际问题,这也是构成地理实践力素养的重要环节,活动内容在校园中可以实现,所以具有较强的可操作性和实践性。

校本课程是由学校及教师针对学生的学习需要和兴趣,结合学校的优势和传统,充

---

① 梁恕俭. 让学生在角色体验中自主发展 [5]. 新课程研究(下旬刊), 2012 (12): 5-6.
② 国际地理联合会地理教育委员会. 地理教育国际宪章 2016 [J]. 杨洁, 丁尧清, 译. 中学地理教学参考, 2016 (8): 22-24.

分利用区域和学校的课程资源自主研发和实施的课程。校本课程的内容一般是为学生的学习和探索性实践活动服务的。手绘地图系列校本课程"我图我秀",是对学校地理组一直以来研究思维导图和概念图等地图辅助教学的进一步丰富和完善,使其更具科学性、专业性和延续性。手绘地图系列校本课程的开发将加强学生对该选修课程的深入理解和实践应用,其内容涉及与学生生活密切相关的地理知识,指导学生学习对生活有用的地理,学习方法为亲身实践与自主合作探究相结合,学习时间为每周一节的选修课时间,教学形式主要为校内实践、搜集资料、自主学习、绘图相结合。"我图我秀"手绘地图系列主题活动设计重视对学生地理实践力的培养,具体分六个主题(表3-5)。

表3-5 手绘地图校本课程主题图

主题	具体内容	要求
初入学校篇	绘制校园平面图	有比例尺、指向标、注释等
爱我中华篇	绘制中国创意地图	从自然、人文等角度体现秀美河山、丰富文化,有主题
环境保护篇	节约资源,保护环境的漫画创作	主题明确
旅游景观篇	绘制并讲解去过的旅游景观	绘制景观图并制作PPT,讲解其背后的地理原理
概念图和思维导图篇	学会绘制概念图、思维导图,为我所用	以地理教科书上的知识点或者章节为主题,绘制思维导图和概念图
寒假研学篇	绘制小报可反映南北方春节文化习俗;拍摄出有特色的地理景观图,用地理原理分析其成因;收集2018年世界各地的你感兴趣的3~5件新闻,并且从地理的视角进行分析	用地理的视角看待问题

手绘地图作为个性化的手工创作地图的方式,通过绘制平面地图反映立体实物图,兼具科学性、独特性,也具有实用和观赏价值。通过绘制地图,学生将实地调查、分工绘图、相互学习等方式融为一体,课程开展受到了学生的欢迎。

一、手绘地图系列校本课程参与对象及要求

学校的校本课程是针对高一新入校的学生,在高一上、下学期开学前,学生通过选课平台自行选择自己感兴趣的课程,一般每门课程为30人左右,选定后学生在固定时间、固定地点,每周一次开展学习。

活动要求:第一,2~4人为一组,将全班分成若干组,选出小组长。第二,给学生分发绘图用具及资料包。制图工具:绘图铅笔若干、橡皮2个、小刀1把、彩色笔(水彩笔、彩铅等)1盒、黑色勾线笔2支、A4纸张若干等。资料包:往届美术班同学创作的手绘校园平面图、中国创意地图、教师绘制的思维导图和概念图等图片。第三,讲

清要求，支持绘图原创，注意分工合作，以组为单位完成地图绘制。

二、手绘地图系列校本课程的实施过程

（一）手绘地图的介绍

展示世界最早的地图。

【教师提问】① 你能看懂《世界古老的地图》所表达的含义吗？

② 如果告诉你这是世界最早的手绘地图，请你猜猜这幅地图表达的含义。

③ 对于《校园平面设计图与手绘地图》中的两张不同的地图，你个人更倾向于哪种呈现方式？为什么？

④ 介绍思维导图、概念图等其他地图。

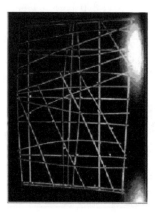

马绍尔群岛的树枝地图　　　古巴比伦的泥板地图

世界古老的地图

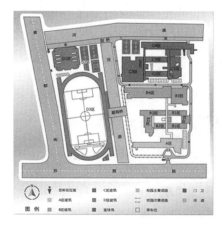
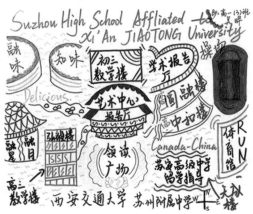

校园平面设计图与手绘地图

【学生活动】各抒己见,比较两种地图的特点。

【教师活动】组织学生活动,归纳补充观点。

(设计意图:通过两种地图的比较,引导学生得出不同类型地图的特点,如:手绘地图的个性化、灵活性等特点,为绘制地图做好铺垫。)

(二)手绘地图的实践

1. 手绘地图的主题选择

手绘地图校本课程"我图我秀"结合高一年级新生的实际情况及新的课程内容要求有目的地选择了六大主题。如初进校园的高一学生,面对不熟悉的高中校园,快速找到专用教室和其他教学场所是一项较大挑战。所以在刚开学的第一节课上,布置了通过实地考察校园建筑物、校园设施等活动,手绘校园平面地图来解决实际生活中的"找教室"问题。学生在考察过程中能够更加深入地了解学校,将组成校园的基础设施和人文环境熟悉于心,将个人的创作通过平面图表达于纸上,既显示其独特的个性创作,也表达自己对学校的情感,同时对于提升地理实践力是一个好的开始。解决了认识校园问题,紧接着将迎来"十一"国庆节,通过绘制中国创意地图,展示祖国秀美河山和多彩地域文化,增强学生对祖国母亲的热爱之情,并且以该主题为契机,开展手绘地图评选活动,对于构思精巧、版面设计精良的作品评选出一、二、三等奖,并给予一定的奖励,这样的活动极大地调动了学生的积极性、参与度。环境保护和旅游景观主题是结合高一新课标中的大气环境、水资源及地貌景观的内容设计而成的,旨在通过绘制漫画、景观画等形式加深对知识的理解和认识,提升学生核心素养。概念图和思维导图作为一种学习方式,该主题的选择目的在于让学生理解、掌握相关知识后能够有选择地在学习工作中为己所用。最后针对寒假设计一份创意绘图作业,要求学生结合生活实际绘制并思考相关地理问题。

培养学生形成良好的地图素养,学会使用地图来解决实际生活中的问题,是中学地理教学的工作目标之一。手绘地图作为手工创作地图的方式,通过个性化的创作,绘制地图来表达自己的认识、理解和感情,让学生在绘图前的准备中、绘图时的实际操作中和绘图后的归纳展示中不断学习,不断反思,不断提升地理实践力。

2. 手绘地图绘制的实践过程

【学生活动】每个小组根据课程主题(表),领取绘图资料包,小组讨论,明确分工。确定主题后,可以借助学校机房、图书馆,查阅资料,进行绘图构思,并填写绘图记录表(表3-6),根据任务要求完成手绘地图的创作。

表 3-6　手绘地图记录表

手绘地图记录表

日期＿＿＿＿＿＿＿

你的绘图主题（可结合绘图主题自拟）＿＿＿＿＿＿＿＿＿＿＿＿＿＿＿

小组成员＿＿＿＿＿＿＿＿＿＿＿＿＿＿＿＿＿＿＿＿＿＿＿＿＿＿＿＿

具体分工＿＿＿＿＿＿＿＿＿＿＿＿＿＿＿＿＿＿＿＿＿＿＿＿＿＿＿＿

构思创意＿＿＿＿＿＿＿＿＿＿＿＿＿＿＿＿＿＿＿＿＿＿＿＿＿＿＿＿

你的感受与反思

【**教师活动**】指导学生绘图，适时给予帮助和建议。

（设计意图：以手绘的创作方式来展示地理信息，绘图比看图更具有挑战性，学生在动手绘图中学习相应的地理知识，在活动中既培养了动手能力，又增强了团队合作意识。）

3. 手绘地图的展示与评价

【**学生活动**】"我图我秀"的手绘地图活动给了学生充分展示自己创意地图的平台，小组代表上讲台展示绘图作品，讲明设计思路，创作过程可以通过 PPT 进行说明，其他小组可以提问、质疑，展示小组需要进行解答，如果有疑问，可以求助教师一起解答。

（设计意图：培养学生的区域认知、综合思维和语言表达能力。学会简单评价手绘地图，在做中学，在学中质疑，在解惑中提高。）

【**学生活动**】对各组作品依照评价表（表 3-7）进行量化打分，要求公平、公正，评分有理有据。

（设计意图：让学生自己当评委，通过评价，相互学习，激发了学生的集体荣誉感，为下一次的活动提供参考和借鉴。）

【**教师活动**】教师进行总结评价，归纳问题及今后的注意事项，为以后的绘图活动提供借鉴。

第三章 身心融合学习：具身认知的教学启示

表 3-7 手绘地图记录评价表

评分时每一项可按照 2 分一档加减分数，如 20 分、18 分、16 分或者 10 分、8 分、6 分等				
第_____小组 成员_____				
	评价内容	赋分	小组评价	教师评价
设计构思	① 构图合理，反映事物大小比例恰当，相对位置布置正确	20 分		
	② 色彩搭配合理、颜色协调，能体现事物特征	20 分		
	③ 地图富有创意、形象生动	20 分		
讲解过程	① 组员学习态度积极，参与程度高	10 分		
	② 表达观点流畅、清晰，提问、讲解清楚明白	10 分		
目标达成	① 包含地图基本要素（方向、图例、注记等）	10 分		
	② 符合任务的各项要求，整体美观、实用性强	10 分		

（设计意图：手绘地图的评价过程，是对学生选择主题、阅读地图、解释地图、使用地图和绘制地图等地图素养的综合评价。与此同时，通过欣赏别的小组的作品，知道彼此的优势和不足，为下一次绘图活动提供帮助和借鉴。）

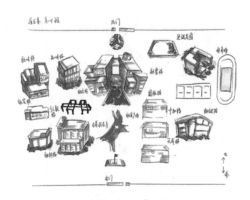

校园平面内图　　　　　　　　旅游景观手绘地图

节约水资源漫画

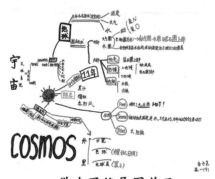

学生思维导图作品

手绘地图作品

【延伸拓展】手绘地图完成后,为了让地图更有实用价值、更好地展现个性特征及地理味道,可以对一些景点、建筑做文字介绍,还可以就某一方面的主题开展研究性学习,进行深入探究,形成研究报告。比如,中国创意地图中有同学绘制了《中国民居分布图》《中国美食分布图》,学生可以就不同区域的特征及其产生原因和发展变化开展探究活动,研究美食的同学就某一地区美食出现的地理原因、历史传承和发展变化展开探究,这些主题都可以成为学校研究性学习的课题,做成研究性学习报告,也可以以班级为单位将成果制作成明信片,把绘图成果进行保存,传承下去。手绘地图,把绘图活动的作用、影响发挥到最大,在活动过程中提升学生地理核心素养。

三、开展手绘地图校本课程的反思与建议

手绘地图校本课程的开发和实施是地理实践力校本化培养的重要方式之一。在绘制地图和相互评价过程中有以下几方面需要注意。第一,手绘地图主题的选择可以来源于学生真实的生活需求,或者以学生在地理学习过程中习得的知识为基础,其目的是希望学生通过学习活动获得解决平时生活、学习中问题的方法,真正激发学生的探究兴趣,同时地理知识与手绘地图校本课程也能完美地契合,起着相互渗透、相互影响、相互促进的作用。第二,绘图活动开展时要注意时间的调控。刚开始绘图时需要给学生留有充足的时间,脚步可以先慢一点,尤其是在学生绘制校园平面图时,先进行亲身实践观察,积累相应的感性认识,还可以进行采访调查,了解学校的文化内涵、办学历史等,绘图工作等有了充分的准备之后再进行。在绘制思维导图和概念图时,需要先讲清两种图的异同、适用的不同场景,给学生提供在平时的地理学习中用到两种不同图式的例子,最后让学生动手尝试绘制。第三,教师在课前需要做好充分的准备,先对学生有一定的了解,如有美术基础的同学、观察仔细的同学、对地理感兴趣的同学等,可以搭配分组,并在绘制过程提供一定的指导帮助。第四,学生在手绘地图校本课程的学习实践过程中,有一些方面需要引起地理教师的注意,如绘制某地区平面图时地图的三要素(比例尺、图例、注记)使用不规范或者缺失,需要提前告知学生;绘制中国创意地图时,南海诸岛不能遗漏;在绘制环境保护漫画时,创新能力需要加强。最令人惊喜的是绘制过去的旅游景观图及用PPT讲解背后的地理原理这一活动中,学生们非常踊跃,出现了争先恐后排队展示的场景。有的学生在准备过程中查阅了《中国国家地理》等相关杂志书籍,讲解时用PPT加板书的形式来解释原理,这说明教学活动一旦激起了学生学习的热情,调动起了学生学习的积极性,给学生一个舞台,他们能展示出无限的风采。第五,手绘地图可以进行学科联合,邀请具有专业知识的美术教师进行协助,从构图、色彩等方面的选择上给予一定的指导。经过一个阶段的手绘地图课程的学习,学生对地理学科的兴趣和对周围环境的关注普遍增强。虽然初中阶段学生尚未接受正式地图绘制训练,但他们能呈现出独

到的见解，其地图素养、实践力的增强让人欣喜。

学校手绘地图系列校本课程的开发还处于不断完善和修正过程中，该课程的开展，培养了学生在实地考察、动手绘制等方面的地理实践能力，磨炼了他们的意志，提高了学生对于地理的兴趣和团队合作能力，也增进了同学之间的友谊，加强了他们对校园及周围环境的关注。与此同时，在开发课程过程中，教师自身的专业也得到了发展，自身的课程意识和课程开发的能力得到了增强，同时还促进了学校特色课程的形成。

第六节 "三体"教学模式下的地理实验教学

地理实验教学具有直观性、探究性、开放性等特点，能优化学习方式，激发学生学习兴趣，有助于贯通培养学生的人地协调观、综合思维、区域认知和地理实践力等核心素养，发展学生的认知能力、合作能力、创新能力、科学精神、责任担当等素养。"体验·体悟·体行"（简称"三体"）教学模式切合地理实验教学的特点和学生认知规律，能充分发挥地理实验教学的育人价值。

一、"三体"教学模式

1. 核心概念

（1）体验。

体验即"通过实践来认识周围的事物；亲身经历"①。具体而言，体验是指个体在直接操作、观察等行动中，或者在对非亲历的事实材料开展看、听、读、摸等接触与感受中，形成直觉体验和感性认识，了解、领会地理事物和现象本义的过程。

（2）体悟。

体悟即"体会；领悟"②。体悟可依托实践活动或经历，也可借助非亲临现场的客观事实；可在活动中领悟，也可在"静处体悟"，但都需要探究分析和用心建构，以洞悉、领悟地理事物和现象的本质。体悟包含学习者的观点和评判，是学习者深刻认识外部世界、内化学习结果的过程。

（3）体行。

体行即践行、躬行。"体行"出自东方朔的《答客难》："太公体行仁义……"它强调学以致用，指运用"体验""体悟"所得解释、解决相关问题，或付诸行动，是学习者验证、优化学习成果，并将其转化为行动理念或外化为具体行为的过程。

体验、体悟、体行都强调真实情境，各有侧重、层层递进、相互促进，体验是前

---

① 中国社会科学院语言研究所词典编辑室. 现代汉语词典（第7版）[M]. 北京：商务印书馆，2016：1288.
② 中国社会科学院语言研究所词典编辑室. 现代汉语词典（第7版）[M]. 北京：商务印书馆，2016：1288.

提，体悟是深化，体行是升华。

2. 操作机制

"三体"教学模式包含创设情境、感受体验、探究体悟、应用体行等环节，它们既各自独立又相互联系。其中，创设情境是必要前提、感受体验随之而生，两者是必备环节；探究体悟、应用体行开展与否，取决于学习目标及其达成情况。进而，"三体"教学模式可组合构成四种操作程序：① 创设情境→感受体验；② 创设情境→感受体验→探究体悟；③ 创设情境→感受体验→应用体行；④ 创设情境→感受体验→探究体悟→应用体行。

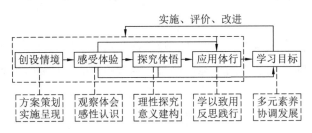

"三体"教学模式操作机制

教学实施的具体程序因学习目标、内容、手段的不同而不同，如有些验证性实验通过"创设情境→感受体验"获取信息、检验假说即可，而探究性实验往往要开展"探究体悟""应用体行"活动。教学全过程围绕学习目标展开，并根据目标达成情况灵活生成更有效的学习活动。

3. 学习逻辑

（1）尊重地理实验教学的特点。

"三体"教学模式重视引导学生设计、实施、体验实验活动，探究、体悟、建构知识意义，论证、完善、践行学习结论，符合科学探究活动所包含的"提出科学问题、设计和实施探究方案、分析和解读证据、生成及建构解释、基于证据论证等能力要素"①，切合地理实验教学的特点。

（2）呼应地理学科核心素养培养的要求。

地理实践是支持学生地理学科核心素养发展的重要手段。"三体"教学模式中：体验生成于"做"、体行侧重于"用"，有利于培养学生的地理实践力；体悟来自理性探究、体行重视应用反思，需要全面、系统、动态地分析和解决问题，有助于培养学生的综合思维；体行强调学以致用，常常要考虑所在区域的特点，有助于培养学生的区域认知和人地协调观。

---

① LOU Y, BLANCHARD P, KENNEDY E. Development and validation of a science inquiry skills assessment [J]. Journal of Geoscience Education, 2015, 63 (1): 73-75.

(3) 遵循深度学习理论。

"三体"教学模式重视创设真实情境，能激发和维持学生的好奇心与求知欲，吸引学生主动"嵌入"学习环境，沉浸在多感官参与的"具身学习"活动中。强调"做中学""做中创"，启发学生从切身感受和体验出发，开展"层进式"学习，切实将"学、问、思、行"相结合，能引导学生提高学习的广度、深度和关联度，自主进行意义建构，并将其迁移应用到新的情境中，增强综合性思维、批判性思维、创造性思维等高阶认知能力，实现"致知"与"力行"共进。

二、"三体"教学模式操作要点

"三体"教学模式激励学生自主或合作参与"提出问题→确立目标→设计方案→操作观察→感受体验→探究体悟→应用体行"等地理实验教学的全过程，让学生充分接受科学的实验过程、方法、思想的锤炼和熏陶。

1. 鼓励学生在方案策划中自觉行动、创造

(1) 科学制定实验教学目标。

许多地理事象的时空跨度大、影响因素多，并不是所有的设想都能顺利转化为实验活动，教师可以按照"初步设想→论证取舍→确定主题→制定目标→完善项目"的程序，经过综合考虑、相互验证，同步确立项目选题和教学目标。

(2) 精心策划实验活动方案。

① 以小组为单位，边设计、边操作、边完善，精心推敲实验步骤，选制实验器材，设计探究问题，明晰注意事项。② 开展组际交流，经过择优、择宜和融合，形成一个或多个可行方案。③ 组建核心团队，通过"预实验"优化方案。

(3) 灵活运用多种实验方式。

重视运用多种手段创设实验情境，尤其是借助现代信息技术的高仿真、大容量、能互动等优势，逼真再现地理现象和过程。例如，计算机模拟实验、实验操作视频等方式，虽然不能完全等同于现场操作实验，但它们接近事实、反映问题、承载原理，能激发学生的体验，支持学生开展探究、应用等学习活动。另外，这些实验方式还能打破实验条件的限制，拓宽地理实验教学的路径。

例如，学习"水循环的过程及其地理意义"时，教师呈现学校随处可见的海绵城市设施图片，鼓励学生课后分组设计"海绵城市设施对水循环的影响"实验方案。所有学生积极参与活动，各小组经历了"明确目标、提出假说、策划方案、试验完善"的过程，设计并提交了本组方案。最后，师生通过讨论，将其融合成一个可行方案，再试验、完善，形成"实验方案一"。

实验方案一：海绵城市设施对水循环的影响（实景实验）

【教学目标】

① 通过实验操作与观测，能了解海绵城市设施对水循环的影响。

② 通过实验探究，理解海绵城市建设的意义及其机理。

③ 通过运用水循环原理，科学解释、模拟解决一些现实问题，实现学以致用。

【实验器材】

平坦的水泥地面和透水砖地面各1处，15米长的塑料软管1条，卷尺1把，计时表1块，矮方凳1个。

【实验步骤】

① 将矮方凳放置在水泥地面的中心点附近，用塑料软管连接附近的水龙头。

② 一名学生站在矮方凳上，将塑料软管的一头垂直向下，并围绕水泥地面的中心点均匀"画圆"；另一名学生拧开水龙头，并使旋钮与关闭时的位置呈30°角，3分钟后关闭。

③ 观察实验现象，并将结果分别记录到表3-8中（其他学生也分组观察、记录）。

④ 将实验场地移至透水砖地面，重复以上步骤。

注意事项：

① 两个地点的实验中，水龙头拧开的角度、时间尽量相同，使"降水"强度和时间基本相等；浇水的范围尽量相同。

② 洒水的学生站在方凳上，防止水溅湿鞋子和衣服，注意安全。

表3-8 实验现象记录表

实验场地	地表径流速度（快、慢）	地表径流最远距离/厘米	地表径流汇集量（多、少）
水泥路面			
透水砖地面			

【观察探究】

① 直觉推断：两个地点的实验中，地表水体有哪些差异？哪种地面更有利于水体下渗？

② 联系分析：相比于水泥地面，透水砖地面对水循环的哪些环节产生了明显影响？

③ 迁移探究：相较于传统城市，海绵城市设施对城市生态环境有哪些积极影响？

2. 引导学生在实验实施中用心感受、体验

（1）合理操作实验活动。

① 精心准备实验。实验教学前，学生备好实验器材，知晓注意事项及安全问题，尽可能理解实验目标和原理、操作方法和步骤、活动重点和难点；合理分组，明确人

员分工。演示实验需要确定操作团队，并通过"预实验"熟悉步骤、预见问题。② 缜密操作实验。所有实验的实施都要以学生为主体，充分发挥学生的创造潜能；教师提供必要的方法指导和思维启迪，关注并赞赏学生在操作能力、合作态度、努力程度等方面的积极表现，引导学生规范、严谨地开展实验活动。③ 灵活生成实验。地理实验过程具有复杂性、偶然性、多变性等特点，常常会出现新情况和新问题。教师要鼓励学生敏锐捕捉实验信息，大胆突破预案，积极探索新方法，再经过快速讨论、取舍，创生更有效的活动环节。例如：当实验现象不明显时，师生可以调整实验步骤，控制实验条件，变换"自变量"，设法弱化干扰因素、增强实验现象，获得明确、可靠的信息。

（2）用心体验实验过程。

地理实验教学具有直观性、开放性、交互性等特点，容易激发学生的行动意愿和探究激情，多数学生会自然融入其中，形成真切体会和感性认识。但仅有自发、随意的接触显然不够，教师需要引导学生仔细观察实验现象，收集实验信息，充分联想，用心体验，使学生形成更加丰富的感想、产生更加多样的疑问，通过躬行与体察，初步分析和解释实验信息，推理和区分地理事实，如对验证性实验做出结果判断等。例如，将全班学生分为两大组，每组选出 4 人操作"实验方案一"，其他学生观察、讨论。实景实验的真实性、参与性、开放性极强，充分激发了学生的参与热情和创造灵感。

第一组学生在两个地点开展的实验，实验现象明显不同，学生通过观察、比较能顺利填写表格，直观体会不同地面对水体下渗的影响，顺利解答"观察探究"中的①和②。

第二组学生在两个地点开展的实验，实验现象几乎一样，教师鼓励学生合作探讨原因及改进措施。学生经过反思很快指出"透水砖之间的缝隙多被泥土堵塞""透水砖地面坡度明显，导致地表水流动较快"等原因。另外，有人提出寻找符合条件的透水砖地面重做实验，有人建议将其更换为草地、透水砖与草地混铺的停车位或实验现场附近的雨水花园。最后，师生共同决定以雨水花园为替代场地，就近开展新实验，获得了明显不同的实验结果。

这样，学生既按照预设方案缜密操作实验，又根据现场变化灵活调整方案，能丰富活动体验，获得多元信息，提高灵活应变的行动能力，磨炼不怕失败的行动意志，培养敢于创新的行动品质和求真求实的科学精神等素养。

3. 激励学生在问题探究中深度体悟、建构

在探究实验中，学生需要开展具有综合性、开放性、创新性等特点的深度探究活动，以不断发现新问题、开启新探索、领悟新内涵、建构新结论，完成从感性认识到理性认识的转化。

（1）强化问题发现意识。

教师在设计方案时需要预设一些问题，在教学过程中还要及时提出新问题，以呈现任务、启迪思维、引发质疑、引领探究。教师更要设法导出学生的疑问：利用复杂、多变的实验情境，引发学生的认知冲突，引出学生的种种猜想和疑问；启发学生将实验现象与实验假设、现实生活等联系起来，在各种关联或矛盾中发现问题；鼓励学生对正在探讨的问题展开联想和追问，生成具有逻辑性、综合性、生长性等特点的问题链。

（2）提高问题解决能力。

指导学生准确获取和处理信息，并以此为证据，通过由表及里的分析和推理、客观理性的质疑和求证，不断解决预设问题和现场生成的新问题。在此过程中，学生既要善于独立思考又要乐于交流分享，在对不同观点的评估和借鉴中获得解决问题的灵感；要充分尊重客观现象，关注多样化的解决方法和方案，当实验结果"异常"时，既可以深究其原因，从新的角度揭示或验证地理原理，也可以调整实验操作细节，以获得"正常"现象（证实）或"异常"现象（证伪）。

（3）提升意义建构水平。

鼓励学生运用已有的知识、方法和思想，对探究和解决问题的结果进行阐释与论证，尝试推测其可能的变化趋势，通过纵横比较、质疑思辨与综合分析，发现蕴含其中的地理原理和规律，再经过从局部到整体、从特殊到一般的归纳和概括，建构具有普遍意义的结论或主张，并检验其科学性及适用条件，高水平地完成对意义的自我发现、对本质的理解和深度建构。

例如，学生在观察、记录、体验后，探究的重难点聚焦于观察探究③。各组结论不同程度地反映"海绵城市设施能增加地表水下渗量，在汛期减少城市内涝、枯水期增加水资源"。针对结论的局限性，教师呈现雨水花园结构图，并提问启发："雨水花园的构造能影响水资源的质量吗？"多数学生通过观察、讨论，发现"水体经过地表植被层、砂层、砾石层的共同作用，可以净化水质"。教师进一步追问："海绵城市对城市生态环境还会产生哪些有利影响？"学生说出"优化水生态，改善微气候，缓解热岛效应"等结论。其间，教师还选取一些学生的疑问组织讨论，如"海绵城市设施能完全解决城市'看海'的问题吗？所有地区都适合建设海绵城市吗？"

这样，通过分组活动，所有学生都能主动参与问题发现、探讨和解决的过程，充分表达自己的观点，成为意义建构的真正主体；多数学生能正确说明海绵城市设施对水循环的影响与其机理，以及海绵城市建设的重要意义，部分学生表露出进一步探索海绵城市的意愿。另外，教师还重视培养学生辩证思考问题的意识和习惯，如"解决城市内涝不能仅依靠海绵城市设施"等。

4. 启发学生在迁移应用中理性反思、践行

学生在获得结论后，有时还需要变换条件再次开展实验，应用上述结论解释新的实验现象，对不同条件下的实验结果进行比较、分析，或者迁移应用实验学习的结论，举一反三地解释、解决相关的现实问题，如对特定地区某项人类活动的方向和方式进行综合分析、评价，并有理有据地选择或设计改进方案。

通过变式实验及学以致用，学生能进一步体验、体悟结论形成和应用的情境、过程与方法，对学习成果再次进行实证检验、反思完善，融会贯通地理解相关知识。切实将学习活动与现实世界联系起来，有利于学生养成立足特定区域综合分析现实问题的思维方式，提高践行能力，整体提升地理学科核心素养，以及相关的正确观念、必备品格和关键能力。

例如：教学结束后，教师鼓励学生自由分组，从下列任务中选择一项，利用课余时间完成。① 制作一个符合海绵城市建设理念的简易模型，说明结构、作用和原理。② 自制器材，设计一项模拟"海绵城市设施影响水循环"的实验方案。③ 找出一个经常积水的小区，实地调查、分析原因，设计可行的改进方案。

两周后，各组展示成果，并结合组间评价、建议，对方案进行优化，形成"植草沟模型、海绵城市与排水设施相结合的某小区改造建议、实验方案二"等成果。这样，活动内容由学生自主选择，活动过程涉及方案策划、现场考察、资料收集、动手制作等，有助于学生进一步丰富体验、深化体悟、活化结论，提升多元素养。

以"实验方案二"为例，设计者利用同样大小的塑料整理箱，制作海绵城市模型、传统城市模型各一个，并设计表3-9，开展模拟实验（与实验方案一目标相同、方式不同），既能提升学生的实践能力、创新能力、科学素养等，又能增强实验教学的丰富性和选择性。

表3-9 实验现象记录表

实验模型	地表径流水量/毫升	地表径流泥沙含量（多、少）	地下径流水量/毫升	地表径流泥沙含量（多、少）
传统城市				
海绵城市				

第七节 指向地理实践力培养的野外考察活动探究

传统初中地理课堂，教师囿于经验型教学，注重知识的传授，忽视学生学习的建构过程。教学中常用基于课堂的活动形式开展感知类、体验类地理实践活动。学校较少开展走出教室、走进实践基地的实践活动，使用专业仪器的探究性活动开展频次较

低。究其原因，随着城市化进程的加快，城市初中生数量激增，学生生活空间与野外考察地的距离加大，学校担心安全、教师缺乏组织、学生缺少指导，导致地理实践活动开展不足，尤其是地理野外考察困难重重。种种局限导致地理知识与学生的生活世界之间产生了割裂，学生难以学以致用，更难在野外情境中培养创新精神和批判性思维能力。

一、初中地理野外考察活动育人理念解析

1. 实践育人：新课程下学生核心素养培育新要求

2022年版初中地理课程标准（简称"新课标"）较之2011版，特别突出地理实践活动在学生核心素养培养中的作用。地理实践贯穿在整个课程结构中，倡导"做中学"的地理学习方式。教师在课程改革中应积极创设真实情境，将现代信息技术与地理教学充分融合，创造富有挑战性的学习任务，开展户外实践活动，使学生在活动参与中主动建构知识体系，在问题解决中赋予学习过程以意义。在课程目标中，新课标鼓励教师通过野外考察等方式，培育学生不畏困难、勇于实践、乐于合作的意志品质。

2. 技术赋能：新教学论下真实有效的深度教与学

迈克尔·富兰（Michael Fullan）从知识的习得、应用及教育中的技术三个方面对比新旧教学论，聚焦技术在学生学习能力培养和学习态度改变中的价值。旧教学论强调教师将技术应用、教学能力和学科知识三要素累加，教授学生掌握应试要求的内容；新教学论则更重视构建教学相长的新型师生关系、重构基于任务驱动的深度学习过程、技术赋能教学全过程的数字化工具和资源。[1] 在新教学论的理念驱动下，初中地理野外考察活动设计需要建构三个核心要素，即野外场域下师生新型学习伙伴关系、指向学生核心素养培养的深度学习任务、支撑考察全过程的数字化工具和资源。

二、初中地理野外考察活动设计框架探析

依据新课标对学生地理实践力培养的要求，地理实践力的培养基于地理实验、社会调查、野外考察等地理实践活动，这些实践活动既是学生认识世界的学习方式，又是地理学科独特的研究方法。将学生置身于有挑战的、复杂的真实野外环境中，他们调用所学知识、选择合适的方法来认识、解释地理事物，在此过程中培养合作精神和独立思考的能力，教师引导学生像地理学家那样发现问题，感悟人与地的关系，做到挑战困难、学以致用。教师在这样的理念下提出了野外考察活动的设计与实施框架。[2]

---

[1] 刘月霞，郭华. 深度学习：走向核心素养［M］. 北京：教育科学出版社，2018：17-18.
[2] 林雁平. 深度学习视域下单元学习活动设计及实施［J］. 上海教育科研，2022（1）：89-92.

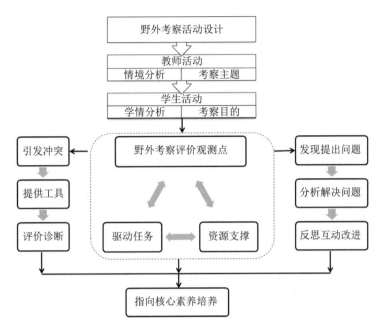

指向初中地理实践力培养的野外考察活动设计与实施框架

1. 野外考察活动设计基本要素

初中地理野外考察活动方案的框架包括设计和实施两个维度，涵盖教师、学生与考察活动三个方面的要素，考虑聚焦问题、情境选择、目标定位、任务设计、资源支撑、过程评估、反思改进等环节，综合设计指向地理实践力培养的一体化活动设计与实施框架体系。

2. 野外考察主题

初中地理野外考察主题的选择可以来自地理大概念、地理核心的知识、地理学习方法、地理关键能力等方面。教师和团队成员首先开展田野调研，实地踩点，寻找情境，将地貌观察、岩石辨别、植被与环境、聚落与发展等地理概念融入其中，设计考察线路，确定考察主题。为了让学生能在周末即可短时高频地开展考察活动，考察主题宜贴近生活、源于乡土，通达度高，安全性好。如果学校无法统一组织，选取主题时宜考虑家庭需求，将游憩、健身、考察融为一体，有挑战，有趣味，获得家长的支持。

3. 野外考察目的

考察主题确定后，根据学情，考虑学生的兴趣、爱好、特长，根据初中地理的知识结构和学生知识水平，按照"课程目标—教学目标—学习目标—考察目的"的编排原则，将野外考察要达成的目的细化，描述学生通过考察能达到的学习效果。考察目的设计既为学生考察指明了方向又起到评估学习的效果，是考察活动的风向标。

4. 野外考察评价观测点

为保证学生野外考察活动能按照地理实践力培养的方向开展，教师需要根据考察内容和考察目的，描述可评价的观测点，包括野外考察的方法、知识和工具的运用、探索人地关系及利用信息技术解决实际问题的行动力、态度与品质等方面。参照国际学生评估项目（PISA）的科学素养水平，将每个观测点划分成四个水平等级，最后通过赋分汇总衡量学生野外考察过程中地理实践力的表现水平。

5. 野外考察驱动任务设计

驱动任务是学生开展考察活动的直接抓手，驱动任务以探究问题来呈现，也可以由实践活动组成。驱动任务的目的是引导学生自主探究，根据课程目标和考察目的，按照学生的认知特征，指向培养目标设计成系列任务，以一定的序列融合成一个整体。驱动任务设置宜贴近学生的兴趣爱好，有一定挑战性，注意任务间的层次递进，难度螺旋上升，板块灵活组合。

6. 野外考察学习资源支撑

野外考察所需要的学习资源支撑包括知识铺垫、技术赋能、工具助力三个方面。支撑学习的资源获得途径可以来自教师提供，也可以发挥学生能动性自主搜集。不同野外考察主题所要求的知识储备不同，例如等高线地形图判读、地图的阅读等，在课本知识学习的基础上，师生可根据考察内容做相关补充。信息技术在促进师生深度学习中具有重要意义，可随时为师生提供流畅的信息检索、辨别方向、测量坡度、行动向导等功能。传统野外考察工具如罗盘、指南针、地质锤等在野外也能提供有效助力。

三、初中地理野外考察活动实施路径剖析

新教学论的理念下，教师整合乡土资源，基于苏州西郊大阳山、灵白线、穹窿山、渔洋山、旺山和常熟虞山的实践活动设计和考察实践实施，总结出初中地理野外考察的实施路径及实施要点。依托野外考察实践的开展，重塑新型师生关系、重构深度学习过程、重建以技术为支撑的教学全过程。

1. 解析学情和考察情境，确定主题，促持久兴趣

初中生思维活跃、好奇心强，亲近自然爱好运动，自主开展野外实践有一定难度，容易单纯观看风景，缺少探究性。教师根据由易到难、由教师引导到学生自主的原则设计野外考察系列活动。教师可以由近及远，以大阳山为例开展山体部位与等高线形态的探索。在此基础上再开展线路比较成熟的灵白线野外考察实践，观察风化作用对花岗岩地貌的影响，了解酸性土壤条件下植被的分布状况，感受人类过度干涉带来的植被破坏、岩石裸露的问题。面对人地关系问题，处于南方湿润区的学生会产生一定的认知冲突。有了一定的实践经验，学生再进入穹窿山国家森林公园，观察植物并解释其以何特征适应山地环境。通过比较，学生掌握了一定的植被观察方法，认识到人工林对山地水土保持的重要作用。水相沉积地质环境的岩石对苏州的生产生活有非常大的影响，教师根据这一问题开发了渔洋山的野外考察，情境主题定为观察和说出渔洋山常见岩石和矿

物，了解山地修建隧道对人们通行的影响。随着城市化进程的加快，野外的空间越来越局促，如何处理聚落、山林与发展的关系问题成为人们思考的新主题。基于此，教师对旺山的都市立体农业布局进行了考察。人地关系是地理野外考察的主线，为了寻找典型性例证，通过观察苏州常熟虞山和尚湖的整体格局，了解地质作用对地形的塑造，以及人类围湖造田和退田还湖的历史变迁，感受人地和谐之美。在以上的考察主题中，地理实践力始终以基础认识方式、基本技能认识地理事物和人地关系，学生在实践中不断加强自我认同感和合作意识，在快乐的探究活动中获得了兴趣的持久保持。

2. 根据地理实践力，选择评价观测点，促审辨反思

学生在野外地理实践中，面对的是真实的环境和富有挑战性的任务。教师应根据地理实践力内涵将实践力具体表现设计评测点。评测点包含三个维度，即基本方法、行动力和品质提升。具体表现为掌握野外考察的基本方法、观察地理环境、体悟人地关系、解决地理问题、运用信息和实践操作的能力、合作意识和坚持的品质。通过在出发前、过程中、活动后对学生过程性表现的观察，依据评价观测点描述确定学生地理实践力发展水平，并按照水平等级进行赋分，设计表现性评价的量规（表3-10）。① 这样的评测点不仅可以在活动前引导学生的行为，在活动中起到评价作用，在活动后还能有助于学生自我分析，总结反思，从而做出有针对性的调整。以评价观测点作为参照，学生调用所学知识、选择合适的方法来认识、解释地理事物，在此过程中培养学生的合作精神和独立思考的能力，引导学生像地理学家那样发现问题，感悟人与地的关系，做到挑战困难、学以致用。

表 3-10 野外考察地理实践力评价观测点

素养维度	水平等级具体描述	自评	互评	师评
基本方法	水平1：借助他人的帮助，能够使用地理信息手段和罗盘等地理工具，初步观察山地地貌、土壤、植被等自然环境特征			
	水平2：与他人合作，能够使用地理信息手段和罗盘等地理工具，深入观察山地地貌、土壤、植被等自然环境特征，对地理现象做出简要说明			
	水平3：与他人合作，能够设计和实施考察方案，独立、熟练使用地理信息手段分析自然地理环境特征，主动提出问题，积极求索			
	水平4：独立设计科学的野外考察方案，利用地理信息手段及野外考察相关工具、材料，分析和处理考察中获取的数据和信息，科学解释和评价地理环境特征，并积极迁移到解释其他考察区域特征			

---

① 张曼，刘恭祥. 从生活化视角探析人教版高中地理新教材：以高中地理必修第一册为例[J]. 中学地理教学参考，2021（3）：52-55.

续表

素养维度	水平等级具体描述	自评	互评	师评
行动力	水平1：根据方案，在组员协作下开展野外考察，掌握简单的信息记录方法			
	水平2：在小组合作下，简单使用技术和工具开展考察，完整记录信息			
	水平3：与组员合作设计和实施野外考察方案，独立、熟练地使用工具开展考察实践；系统整合考察信息完成考察报告			
	水平4：独立设计科学的考察方案，熟练实施考察实践，科学总结考察报告，成果汇报内容翔实，表述规范			
意志品质	水平1：在考察中有一定的知识应用的能力，但知识接受较为被动，自主性不足			
	水平2：有合作意识，较为积极地思考考察中遇到的问题，坚持完成全程考察活动，认真完成考察报告			
	水平3：团队分工明确，积极参与考察，主动提出考察环境中的问题，根据情境进行整体性思考，推断地理要素间因果联系			
	水平4：能独立自主设计和开展针对性的考察，收集信息、科学决策，有一定的创造性想法			
总评	赋分：水平1＝10分；水平2＝20分；水平3＝30分；水平4＝40分	C1	C2	C3
	实践力水平＝C1×40%＋C1×30%＋C1×30%			

3. 细化考察活动，设计驱动任务群，促协同探究

教师根据情境确定好考察主题，依据学情确定考察目的，整体设计野外考察活动。通过设计野外地理考察驱动型任务单（表3-11），教师将核心素养的培养目标细化为每次考察的课时目标和活动目的，围绕实践力培养测评点，促使地理实践力培养落地。野外地理考察的学习活动过程是动态的、多变的，教师应设计灵活、多元、多维的驱动任务以契合全体学生协同发展的需要。教师根据学生最近发展区和学生认知差异，围绕考察主题，灵活组织考察活动，优化驱动任务，创设多元化的教学方式，教师推荐恰切的资源以服务学生个性化成长。通过两步路APP平台数字化全过程管理，利用数据分析进一步刻画学生地理实践力素养水平。以大阳山攀登线路选择、穹窿山植被考察、渔洋山岩石与隧道考察、旺山都市立体农业考察为例，从不同角度描述驱动任务的细化策略。

表 3-11 野外考察驱动型任务单

地点	驱动型任务	学习资源	实践力评测点
大阳山	根据等高线选择登山线路，通过登山实践辨别山体不同部位等高线形态特征	等高线地形图的判读、两步路 APP	基本方法掌握、运用信息和实践操作的能力、合作意识、坚持的品质
穹窿山	观察南坡与北坡的植被类型、将同坡向山脚与山顶的乔木特征进行对比，解释这些植物特征如何适应山地环境	两步路 APP、形色 APP	基本方法的掌握，观察地理环境、解决地理问题、运用信息和实践操作的能力，合作意识，坚持的品质
渔洋山	通过考察和采样，辨别山体岩石的外表特征和物理特性，区别岩石、矿物的类别；利用地图量度由隧道东入口到西入口的最短距离，了解隧道带给人们出行的便利	矿物标本盒、放大镜、小刀、锤子、稀盐酸、磁铁、两步路 APP、百度地图	基本方法的掌握、地理环境的观察、人地关系的体悟、地理问题的解决、运用信息和实践操作的能力、合作意识、坚持的品质
旺山	考察都市立体农业，绘制村落、农业、山林的布局；观察茶树，描述茶树特征，并解释茶树如何适应旺山的环境	两步路 APP、形色 APP、罗盘、指南针、细线、水平仪、茶树生长习性资料	基本方法的掌握、地理环境的观察、人地关系的体悟、地理问题的解决、运用信息和实践操作的能力、合作意识、坚持的品质

4. 知行合一，提炼考察价值与意义，促关联结构

野外地理考察活动通过真实情境下复杂任务的解决，培养了学生主动联想的能力和学以致用的地理实践能力，促使知识得到有意义的建构；培养了学生使用工具的能力和设计任务单并完成任务的能力；在克服困难中促进学生自我认同感，在伙伴合作中形成团队精神。在考察活动中，学生将调用已学跨学科知识解决实际问题，例如地理七年级上册"地形图的判读"、八年级上册"农业"、八年级下册"南方地区自然特征与农业"；生物七年级上册"生物圈中的绿色植物"、七年级下册"人类活动对生物圈的影响"等相关知识。通过驱动型任务的完成，野外地理考察活动有效将碎片化的知识连接成网。学生在真实情境下，通过判别等高线疏密及形态特征，规划登山线路并开展实践。云平台采集学生行动数据，直观呈现学生行进路线的地形剖面图、行进速度和沿途学生录入的景观图，有利于学生直观感知地理环境，促使学生的行动力可视化。通过分析平台上同伴的云端数据，学生可以评价伙伴在其他情境下攀登的难易程度及可能看到的山体部位，从而训练批判性思维，形成对地形图判读的地理实践力。学生在考察实践中对比穹窿山南、北坡的植被类型及同坡向山脚与山顶的乔木特征，在解释植物如何适应山地环境的过程中，形成整体认知自然地理环境的意识。学生通过渔洋山的岩石采样与辨认，进一步理解隧道开凿的地质条件；通过实地攀登渔洋山体验登山艰辛，进一步体会隧道带给西山岛村民的出行便利，从而理解交通对区域发展的影响。学生通过绘制旺山都市立体农业布局及茶树种植坡度的实地测量等活动，得出因地制宜发展农业的重

要性，树立人地和谐相处的价值观。

5. 聚焦考察问题，进行质疑与反思，促迁移应用

野外地理环境复杂多样，教学资源也丰富多彩，教师应因势利导，启发学生积极主动思考，发现问题，积极求索。学生依据地理实践力评测点，在考察中主动记录人类活动与地理环境的相互作用并进行区域迁移。学生的考察报告中记录了沿途人地矛盾和亟待解决的问题，如游客乱丢垃圾、过度承载游客导致植被破坏、游客携带明火进山，相关部门疏于管理导致消防通道被植被阻挡、森林防火喇叭损坏不能正常播报，山脚陡坡开荒种植蚕豆、开矿导致植被破坏水土流失，森林病虫害等比较突出的管理和环境问题。学生也观察到可借鉴利用的经验，如大阳山修建山脊步道，开发旅游线路，解决游客破坏植被等问题；旺山形成毛竹、茶叶种植等生态农业与休闲旅游度假为一体的开发模式；穹窿山山脚养蜂、山顶人工植被培育形成紫楠繁殖基地；较多低山丘陵开启枇杷、杨梅果树种植，形成经济效益与生态环境效益共赢。学生将考察中遇到的管理问题向农林相关部门反映，并提出合理的发展建议，在这些实践过程中，形成了批判性思维和较强的地理实践力。

野外考察环境是地理实践的大课堂，教师应更新理念，创新设计，革新教法，切实转变学生的学习方式。野外地理实践活动的设计和实施，将促进学生深度思考，落实地理实践力培养，回应地理新课程改革。

第八节 提升地理实践力品质的教学方法

高品质的地理实践力以学科素养为基础、以实践行为为表征，由多种素养相互融通、相互促进而成，这种素养的获得离不开"学思行结合"。据此，我们经过反复试验、反思和完善，初步构建相应的"体验·探究·应用"教学模式。

一、让学生在真实情境中充分体验和感悟

1. 创造条件开展高质量的实践活动

实践活动具有形象化、立体化、互动性等特点，能强化学生与真实世界的联系，引发其感悟、欣赏、价值判断等方面的变化，深化学生对抽象知识的理解；在开放、复杂、易变的实践活动中，学生更容易提出新问题，开启新探索。可见，考察、实验、调查等是地理学重要的研究方法，也是地理课程重要的学习方式，这些实践活动也是地理实践力最直接、最有效的培养途径，教师要有计划地带领学生走进社会和大自然，让他们在看得见、摸得着的实践活动中形成直觉体验、灵感和想象力，增强解决实践问题的行动能力，丰富相关经验。

(1) 整体制订地理实践教学的计划。

一所学校的地理实践活动不可能面面俱到，教师团队可以根据课程标准要求，结合学生需求和学校特点，合理定位本校地理实践教学的目标和方向，整体制订切实可行的教学计划和方案，逐步建成具有本校特色的地理实践活动项目群。项目群建设要统筹考虑以下问题：兼顾户外考察、社会调查、模拟实验等形式，把握自然地理与人文地理内容的比例，设置"必做"和"选做"项目，融合本土实践（主体）与远足研学，融通国家课程（主体）与校本课程。

(2) 不断丰富地理实践课程的资源。

课程资源紧缺是当前地理实践力培养的限制因素，教师要自觉成为地理实践课程资源的开发者和完善者，以及学生开发资源的引导者和合作者，充分利用校外的人力、物力资源，不断拓展综合实践基地，逐步建成由校内和校外资源相互补充，物态资源、文本资源和信息化资源相互促进的地理实践教学资源系统。

(3) 着力提高地理实践活动的品质。

一是科学制定活动目标。地理实践活动是为了达成特定育人目标而开展的有计划的行动，教师要明确地理实践活动的意义和目的，并与学生共同制定切实可行且具有一定挑战性的活动目标。

二是精心策划活动方案。师生可以立足熟悉的生活实际，寻找蕴含学科内涵和现实问题的典型场景，经反复推敲确定选题。然后，尽量让学生分组设计、择优组合，完善活动的路线、步骤、工具、时间、人员分工等细节，学生自主策划方案，能充分激发参与热情和创造潜能，为将来更深入地实践和探究奠定基础。

三是合理开展实践行动。重视激发学生的好奇心和探究欲，关注实践活动的重点和难点，及时给予方法指导和思维启迪，引导学生从地理视角欣赏地理环境，探索现实问题，记录相关信息；鼓励学生大胆提出临场产生的设想，通过论证、取舍，即时生成更加合理的活动过程；等等。

四是认真撰写活动报告。实践活动结束后，教师通过任务驱动、评价激励等方式，鼓励学生整理、归纳、交流活动信息，总结、评价、反思活动得失，认真撰写实践活动报告。

2. 运用工具再现问题化的真实情境

学生不可能事事身临其境，局限于实践活动势必窄化地理实践力的培养路径。美国高校培养学生地理实践能力的一种方法是"结合全球和地区社会、经济、环境热点问题，以及国内外学科最新研究进展，丰富探究式研究专题题库，鼓励学生用区域综合分析的思维和地理信息技术发现和解决问题"[①]。因而，教师既要积极创造实践活动的机

---

① 蔺雪芹，申玉铭，余丹林. 中美高校世界地理教学比较及其经验借鉴[J]. 地理教学，2018 (23)：4-9, 59.

会，又要灵活运用多种有效手段直观呈现典型的真实情境，或者将两者有机结合起来，引导学生开展专题研究等模拟实践及探究活动。

再现或模拟真实情境的方法主要有两类。一是巧妙运用立体的模型与仪器、真实的视频和图文信息，前者如地理专用教学仪器、实验器材等，后者如能够搜寻不同类型区域的统计信息，收集相关区域发展规划，能够查阅相关政策法规文献等。二是深度应用现代信息技术。现代信息技术可以呈现接近或超越现实的逼真情境，以直观的方式揭示地理事物与现象的本质；"计算机软件可以应用大数据提供复杂的情境和多样化的选择，并能及时反馈，使得地理模拟决策学习更接近真实世界"①。上述方法虽然无法完全取代实践活动，但它们近似现实的鲜活场景，能激活学生的已有经验，使地理实践力的培养走出实践活动的时空限制，扩展到日常教学之中。

二、让学生在问题解决中深度探究和领悟

1. 探究现实问题是提高地理实践力的有效途径

高水平的地理实践力不仅仅指实践技能，而是多种素养的综合体现；具备这种素养的人既能"做得好"又能"想得好"，能够"对解决区域资源和环境问题提出建议"②，"分析问题及成因，有理有据提出可行性对策"③ 等。这些素养的形成不可能只依靠动手操作，还需要学生从真实情境中解读、领悟和应用地理原理，并对现实问题及实践行为进行解释、评价与反思，通过感性体验和理性探究相结合，养成理智分析和解决实际问题的思维方式与行为方式。事实上，高质量的实践活动多是蕴含着问题探究的理性实践。

因此，教师要将课内与课外相结合，从多途径引导学生探究现实问题，使学生"具备一定的运用考察、实验、调查等方式进行科学探究的意识和能力"④，切实提高地理实践力素养的水平层次。一是开展探究性实践，师生带着探究现实问题的目的去策划和开展实践活动，边行动边探索，在活动现场分析、反思和解决问题；二是开展实践性探究，师生根据实践活动或其他方法获得的真实资料，在课堂上运用地理知识、技能、方法、思想，去探究、洞察和（模拟）解决真实问题。

---

① 中华人民共和国教育部. 普通高中地理课程标准（2017 年版 2020 年修订）[S]. 北京：人民教育出版社，2020：38.

② 中华人民共和国教育部. 普通高中地理课程标准（2017 年版 2020 年修订）[S]. 北京：人民教育出版社，2020：30.

③ 中华人民共和国教育部. 普通高中地理课程标准（2017 年版 2020 年修订）[S]. 北京：人民教育出版社，2020：15.

④ 中华人民共和国教育部. 普通高中地理课程标准（2017 年版 2020 年修订）[S]. 北京：人民教育出版社，2020：9.

2. 深度开展旨在解决现实问题的探究活动

立足真实情境的探究活动不应浅尝辄止,而要强化其问题性、综合性、批判性和创造性,拓展其深度和广度,启发学生通过由表及里地分析、客观理性地判断、辩证多元地反思,自主完成意义的深度建构和灵活运用,并"能够评价特定个人行动的自然和社会空间后果并思考替代方式"[①]。

(1) 建立平等的合作关系。

不能简单地把深度教学理解为教学内容的深度和难度,而是学生学习活动的深度和高度。教师要创设民主、开放、激励的学习氛围,组建师生"学习共同体",为学生提供充分发挥才能的空间和机会,引导所有学生自觉参与充满激情、创造与生成的实践探究活动,使他们的思想更加自由、开放、活跃,能更加敏锐地发现问题、主动地探索问题、积极地分享感悟,逐步形成自己的见解,达到自己所能达到的探索高度。

(2) 培养学生的问题意识。

一是引导学生自主发现现实问题。创设充满矛盾的真实情境,引发学生的认知冲突,引导学生发现蕴含其中的真实问题;适当提高实践情境的复杂程度,启发学生提出"为什么""怎么样""如何做"等高阶问题,包括解决方法不唯一或不确定的劣构问题;鼓励学生在探索问题的过程中充分联想和质疑,发现并提出新的问题,创生具有层次性、深刻性、生长性等特点的问题链。

二是鼓励学生深度探究真实问题。引导学生尊重"异常"现象,顺势拓展探究的深度与广度,培养学生客观分析问题的习惯和灵活处理问题的能力;启发学生主动质疑和批判,学会批判性地思考当地和全球的可持续生活,并思考如何采取相应的措施;鼓励学生自由探索,通过深度探究式思考提出个性化见解;激励学生主动挑战复杂问题和两难问题,寻找多种可能的解决方案,再通过比较、试验等方法探求最佳方案。

(3) 探索事实的内在联系。

"地理学科核心素养主要包括人地协调观、综合思维、区域认知和地理实践力,它们是相互联系的有机整体。"[②] 地理实践力不可能脱离其他素养而割裂存在。《中国学生发展核心素养》指出,"实践创新"是学生发展的六大核心素养之一。因此,实践能力、创新意识等素养必然是多学科共同的育人目标。

在实践探究过程中,教师要统整地理学科的多种核心素养,如在野外考察和调查时,要引导学生观察和了解区域的位置,提升学生的区域认知能力;要启发学生关注相关地理事象的发展变化,及其与人类活动的关系,提升学生综合思维和人地协调观素

---

① 王民,黄劲松,蔚东英. 高中地理核心素养水平划分标准研究:"地理实践力"水平划分标准与案例研究[J]. 中学地理教学参考,2017 (9):19-22.
② 中华人民共和国教育部. 普通高中地理课程标准(2017 年版 2020 年修订)[S]. 北京:人民教育出版社,2020:3.

养；还要突破学科边界，通过跨学科的融通，还原客观世界本身的联系和复杂性。进而，引导学生在系统中、联系中、对比中行动和思考，形成多元、立体、完整的地理实践力素养。

（4）建构自己的探索模型。

真实情境的特殊性、复杂性、多义性相互交织，有助于学生形成具体问题具体解决的意识和习惯。同时，客观事物和现象的形成与发展存在一般性规律，在探究过程中，教师要适时启发学生立足客观现象，突破问题表象，通过严密推理、反复求证和科学提炼，努力完成从具体到抽象、从局部到整体、从特殊到一般的概括和归纳，建构属于自己的认知、方法和思维模型，形成超越特定情境的普遍性、原理性结论，为解决相似的实践问题提供参考。

三、让学生在学以致用中理性反思和完善

在"体验感悟"或"探究领悟"后，教师可以再次创设相关的真实情境，鼓励学生举一反三地解决新问题，通过理性分析和反思完善，对前面活动中获得的结论及模型进行再确认、再丰富和再创造；引导学生通过学以致用，将实践及探究所得内化于心、外化于行，形成"智、能、行、情"有机融合的地理实践力素养。

"地理教育对下一代至关重要，地理教育使其具备知识、技能、态度和价值观，并且在实践中尊重和关爱地球，做出合理决策。"[①] 学生团队从多元视角出发，综合多种经验，尝试对某项实践活动的方向、方式、方法做出选择、调整与决策，为家乡的发展出谋划策，有助于他们深刻领悟现实世界中的人地关系，增强对"行"的远见和判断力，提升地理实践力的品位。这种"决策教学"面向复杂情境中的真实问题，对学生的经验储备和综合素养要求很高，适宜运用于"应用反思"环节或课后探究活动。

例如，学习"农业的区位选择"时，学生根据课前对当地农业生产的调查结果，探讨、归纳农业区位选择的一般规律，形成"农业生产要因地制宜、因时制宜"的观念；课后，学生分组开展相关的模拟决策活动。

① 确定决策问题。（某地）农业生产应如何发展？

② 收集真实资料。选择一个熟悉的村庄，利用周末时间调查、走访、查询资料，收集当地农业生产的区位条件，了解农业生产的类型、方式、效益等现状。

③ 初步形成决策。根据收集的信息分析该村农业生产的合理性，探讨可能的优化措施，初步制定决策方案。

④ 交流评价成果。各组选派代表阐述本组方案，开展组际评价。

[①] 国际地理联合会地理教育委员会. 地理教育国际宪章2016 [J]. 杨洁，丁尧清，译. 中学地理教学参考，2016（8）：22-23.

⑤ 反思完善方案。各组结合他人的建议，讨论、反思、优化方案。

学生依据实地调查获得的信息，迁移应用之前的实践和探究成果，理性分析、评价、诊断当地的农业生产状况，并对未来的发展提出构想，完成对结论的再建构，同步优化信息处理、知识应用、实践行动、团队协作、创新决策、人地协调观等能力和素养。

综上所述，"体验·探究·应用"教学方法强调"学生主体"和"活动中心"，激励学生在真实情境中体验、感悟，在理性探究中领悟、建构，在迁移应用中反思、完善，深度参与发现和解决现实问题的全过程，实现感性体验之"美"、理性探究之"真"、实践应用之"善"的共生共长，整体提升行动能力、探求精神、审美情趣、价值取向、创新意识、责任担当等地理实践力的水平层次。

第四章 校本地理实践课程的开发与实施

第一节 校本地理实践课程体系

根据最新版《普通高中课程方案》和《普通高中地理课程标准》的精神与要求，从服务于学生的发展需求出发，聚焦自然考察、社会调查、地理实验、学具和模型的制作与运用、地图绘制与运用、角色扮演等实践活动，在模块和大单元视角下统筹安排、体现进阶发展。针对不同对象在合适的时间地点灵活开展地理实践活动，把地理实践活动合理融入地理必修、选择性必修和综合实践活动（研究性学习）课程中，建设校本选修课程，整体设置四类课程相互融通、课内外学习相互促进的高中地理实践系列课程（表4-1至表4-5）。

开展大单元学习，在大概念和单元主题情境下设计实践活动，使地理实践成为单元学习的有机环节；大单元内统筹安排，为开展地理实践活动提供时间；利用大单元教学设计思维导图，规划好地理实践与其他学习环节的关系。

第四章 校本地理实践课程的开发与实施

表 4-1 地理实验课程体系（必修一）

学习模块		自然考察	社会调查	地理实验	学具和模型的制作与运用	地图（GIS）绘制与运用	角色扮演	跨学科主题学习	单元主题	大概念
必修一	宇宙中的地球	星空观测 全体学生 校园 晚自习 必做		观察分辨沉积岩和化石 全体学生 教室 课堂 必做		绘制生命进化树并分析相应环境 全体学生 教室 课堂 必做	合作设计火星基地 学生分组 教室 课后 必做		地球生命从哪里来？向哪里去？珍爱生命，保护地球	地球独特位置和自身条件，引起生命的出现和演变
		月相观测 社团·选修 乡土 课后 必做				绘制地球圈层构造图并解释相关现象 全体学生 教室 课堂 必做				
	地球上的大气	校园气象观测 社团·选修 校园 课后 必做		温室效应实验 学生分组 校园 课后 必做		绘制大气受热示意图并解释相关现象 全体学生 教室 课堂 必做	解读我国不同地区太阳辐射、温差及相关现象 学生分组 教室 课后 必做		学习生活中有用的气象知识	地球大气是地球环境的重要组成，其物质组成、能量转化和运动对人类活动产生重要影响
		不同高度气压测量与解释 社团·校本 校园 活动课 必做		热力环流实验 学生分组 实验室 课堂 必做		绘制热力环流原理图并解释相关现象 全体学生 教室 课堂 必做				
				地转偏向力实验 有疑问生 实验室 课后 选做						

续表

学习模块	自然考察	社会调查	地理实验	学具和模型的制作与运用	地图(GIS)绘制与运用	角色扮演	跨学科主题学习	单元主题	大概念
必修一 地球上的水	斜塘河水文地质考察 社团、校本 乡土 周末 选做		水土流失实验 全体学生 家庭社区 周末 必做		绘制海水运动形式思维导图并解释相关现象 全体学生 教室 课后 必做	一滴水的旅行 全体学生 教室 课后 选做	本地家庭需要安装净水器吗? 社团选修 自来水公司 周末 选做	合理利用水资源、海洋运动产生的能量	水循环和水体运动,伴随着物质迁移和能量转化
			海水盐度测量 社团、校本 校园 活动课 必做		绘制表层海水温度、盐度、密度图并解释相关现象 全体学生 教室 课后 必做				
地貌			河流地貌实验 社团、校本 实验室 活动课 选做	地貌模型观察与制作 学生分组 实验室 课堂 选做	绘制典型地貌示意图并解释相关现象 全体学生 教室 课后 必做		古诗词中的地理环境 分组进行 学校 课后 选做	赏山河之美,寻因地制宜发展之路	物质基础和不同环境下的动力条件共同塑造各种地貌
植被与土壤	校园植被考察 全体学生 校园 课后 必做		土壤实验 全体学生 教室 课后 选做		绘制中国土壤、植被分布图并解释相关现象 全体学生 教室 课后 必做			了解中国五色土与植被分布情况	纬度和海陆位置不同地区,水热条件不同,形成了地带性植被和土壤
自然灾害			自然灾害沉浸式体验 感兴趣学生 灾害体验馆 周末 选做		运用地理信息系统GIS探究气象灾害 全体学生 家庭社区 周末 必做			了解自然灾害,保护生命财产安全	自然灾害发生于特定的时空,灾害之间有联系

表 4-2 地理实验课程体系（必修二）

学习模块		自然考察	社会调查	地理实验	学具和模型的制作与运用	地图(GIS)绘制与运用	角色扮演	跨学科主题学习	单元主题	大概念
必修二	人口		家庭人口迁移历史调查 全体学生 家庭 周末 必做			运用相关地图,分析胡焕庸线的形成原因 全体学生 教室 课堂 必做	辩论:胡焕庸线将来会改变吗? 全体学生 教室 课堂 选做		胡焕庸线有哪些影响因素?古代存在吗?未来会变化吗?	人们为了更好地生产生活,选择迁移至更有利于生产生活的地区;一个地区应该根据资源条件,发展状况,协调人口、环境与发展
	乡村和城镇		苏州地域文化解读 全体学生 家庭 周末 必做		民居模型制作与解读 社团选修 学校 课后 必做	运用地理信息系统GIS分析苏州城市功能分区与演变 全体学生 家庭 周末 必做			地理视角下的家乡有苏州特色(苏州地域结构及其演变,苏州城市化进程)	城市和乡村是人类居住地,为了更好生产生活,人们会选择相对更好的位置。聚落有一定的内部结构和功能,苏州聚落体现自然环境和地域文化的影响
			参观城市规划馆 社团选修 城市规划馆 周末 选做							
			斜塘老街文化景观调查 社团选修 斜塘老街 节假日 选做							

续表

学习模块		自然考察	社会调查				地理实验				学具和模型的制作与运用	地图(GIS)绘制与运用				角色扮演	跨学科主题学习	社团选修				单元主题	大概念
			家乡农特产推荐	全体学生	家庭	周末	必做	学校农园考察与劳动体验	全体学生	校园	课间	必做								长城的区位、建筑与演变	学校	课后	选做	如何利用好一块土地？如何为工、农业、服务业选择更好的地点？	工业、农业、服务业等生产经营活动，为了追求更好的效益，人们综合考虑各种相关因素，在一定范围内选择较为合适的地点，这种选择也会发生变化
产业区位因素			工厂生产情况调查	社团选修	某企业	周末	选做																		
			学校春游地点、服务功能调查	学生分组	春游地点	春游日	必做																		
必修二	交通运输布局与区域发展		苏州的交通运输与区域发展	社团选修	校园	活动课	选做						设计暑假旅游线路与考察内容	全体学生	学校	课后	选做						苏州的交通运输与区域发展	区域发展对交通运输产生需求，交通运输金支持区域运输促进区域经济与聚落发展
	环境与发展		旧物交换活动	学生分组	校园	活动课	选做	园区自来水质调查与测定	社团选修	自来水公司	周末	选做		环保漫画解读与创作	全体学生	家庭	周末	必做						保护环境，从理念到行动！（为什么要保护？如何行动？）	地球环境是人类生存与发展的基础，也对人类活动产生反馈。人地关系需要协调，实现可持续发展

第四章 校本地理实践课程的开发与实施

表4-3 地理实验课程体系（选择性必修一）

学习模块		自然考察	社会调查	地理实验	学具和模型的制作与运用	地图(GIS)绘制与运用	角色扮演	跨学科主题学习	单元主题	大概念
选择性必修一 自然地理基础	地球的运动	月相观测 全体学生 家庭学校 课后 选做						地球运动与我们的生产生活	地球运动造成地表上能量的空间分布和周期性变化，深刻影响自然环境和人类活动
		测量正午太阳高度 学生分组 校园 课后 必做		太阳直射点的回归运动实验 学生分组 实验室 课堂 必做	利用学具探究昼夜长短、太阳高度变化、周日视运动 学生分组 教室 课堂 必做	用软件探究地球运动的地理意义 全体学生 家庭 周末 必做				
		利用日晷测量地方时 学生分组 校园 课后 必做		傅科摆实验 社团选修 校园 课后 选做	利用学具探究月相变化与升落规律 社团选修 校园 课后 选做					
					利用学具探究时区划分和新旧日期变化 学生分组 教室 课堂 必做	绘制二十四节气图并解释相关现象 社团选修 课堂 社团课 选做				
	地表形态的塑造	校园景观石考察 学生分组 校园 课后 必做		河流地貌实验 学生分组 实验室 课后 必做	地貌模型观察分析 学生分组 实验室 课堂 必做	绘制岩石圈物质循环示意图并解释相关现象 学生分组 教室 课堂 必做	拟人表演岩石的前世今生 学生分组 教室 课后 选做		探山河之秘，寻利用之道	地貌在内外力作用下不断发展变化，地貌使水热在较小尺度内再分配
		三大类岩石的鉴别 学生分组 实验室 课堂 必做		地形倒置的形成及影响 全体学生 教室 课堂 必做	等高线地形图的绘制与判读 全体学生 教室 课堂 必做	绘制典型地貌发展变化全景图认知典型地貌 全体学生 教室 课堂 必做	典型地貌景观导游介绍 学生分组 教室 课后 选做			

081

续表

学习模块		自然考察	社会调查	地理实验	学具和模型的制作与运用	地图(GIS)绘制与运用	角色扮演	跨学科主题学习	单元主题	大概念
	大气的运动	校园气象观测 全体学生 校园 课后 必做			利用学具和GIS探究锋面、气旋和反气旋 学生分组 教室 课堂 必做	绘制气压带风带图并解释相关现象 全体学生 教室 课堂 必做	利用GIS模拟天气预报 学生分组 教室 课堂 选做		晓气候分布,学预测风云!	地球表层的热量差异驱动大气运动,地运动造成了天气变化和气候差异
选择性必修一					利用GIS和学具探究全球大气环流及其影响 学生分组 教室 课堂 必做	绘制全球气候分布图并解释相关现象 全体学生 教室 课堂 选做				
	水的运动			洋流实验 学生分组 实验室 课堂 选做		利用GIS探究洋流、潮汐、波浪形成及分布			水育万物	水的运动,转化影响地球上的水热分配
自然地理基础	自然地理环境的整体性和差异性	天平山水文、地貌、地质和植被考察 全体学生 天平山 周末 选做				地理景观图的拍摄与解析 全体学生 不限 课后 必做		蝉的调查研究 社团选修 校外 课后 选做	用联系和空间差异的眼光看世界	地理环境有不同尺度的差异和整体性

第四章 校本地理实践课程的开发与实施

表 4-4 地理实验课程体系（选择性必修二）

学习模块		自然考察	社会调查	地理实验	学具和模型的制作与运用	地图(GIS)绘制与运用	角色扮演	跨学科主题学习	社团选修	单元主题	大概念
选择性必修二	区域与区域发展					绘制分析中国重要地理分界线并了解其影响 全体学生 教室 课堂 必做	介绍典型经济文化现象及其与地理环境关系 教室 课堂 必做	草鞋山良渚文化遗址考察	遗址公园 周末 选做	因地制宜实现可持续发展	地理从空间视角把地表划分成各种类型和功能的区域,研究区域特征,结构,变化,以及区域差异和区域联系,以期协调人地关系,实现区域可持续发展
	资源环境与区域发展				制作,解读都江堰水利工程模型 社团选修 实验室 课后 选做		辩论:资源好其是否有利于区域发展 分组进行 教室 课堂 必做			资源,环境是区域发展的决定性因素吗?	区域自然条件和自然资源对发展有重要但辩证的影响,资源枯竭和生态脆弱地区也可以走可持续发展之路
	城市产业区与区域发展					查阅资料绘制本地产业结构变化图,分析原因提出发展建议 学生分组 教室 课后 必做				苏州的新时代发展之路	大城市辐射带动区域发展,产业结构优化促进区域发展
	区际联系与区域协调发展					绘制并解读重要资源跨区域调配工程线路 全体学生 教室 课后 必做				苏州发展的对外合作与交流	区域之间优化资源配置,合理分工,可以实现互惠共赢,共同发展

表 4-5 地理实验课程体系(选择性必修三)

学习模块	自然考察	社会调查	地理实验	学具和模型的制作与运用	地图(GIS)绘制与运用	角色扮演	跨学科主题学习	单元主题	大概念
自然环境与人类社会					运用GIS计算个人生态足迹并制定减排方案	全体学生 家庭 节假日 必做		保护自然环境,就是保护人类的未来	自然资源是人类发展的物质基础,不合理开发利用资源带来环境问题
资源安全与国家安全					绘制并解读中国重要资源分布图	全体学生 教室 课堂 必做		中国地大物博吗?	油气、耕地、海洋空间等资源同等影响国家安全,需要合理利用与保护
环境安全与国家安全		垃圾处理厂参观调查 社团选修 垃圾处理厂 假期 选做						环境安全的苏州行动	环境安全影响国家安全,设立自然保护区、碳减排国际合作有重要意义
保护国家安全的资源、环境战略与行动							家庭是否应该买电动汽车 学生分组 家庭 节假日 选做	维护国家安全,我们如何行动?	保障国家安全,需要国家战略、公众参与、国际合作

选择性必修三 资源环境与国家安全

第二节 地理实验

实验一 傅科摆实验

一、实验目标

（1）观察实验现象，能描述傅科摆摆面偏转的方向，体验地球自转令人惊讶的证据，激发对科学的兴趣。

（2）通过资料查询、小组讨论，初步解释傅科摆偏转的成因。

（3）合作探讨同类现象，并加以说明。

二、实验器材

学校大型傅科摆、手表、记录表。

三、实验步骤

（1）推动傅科摆沿着某个方向摆动，并根据傅科摆下方的刻度盘，记录摆动面方向。

（2）在2~3小时后，再次观察并且记录傅科摆的摆动方向。

（3）描述傅科摆偏转的方向，记录傅科摆偏转的角度，计算每小时偏转的角度。

四、注意事项

注意安全，观察和记录时不要被傅科摆的摆锤碰到。

五、观察探究

（一）实验现象与结论

（1）填写表4-6。

表4-6 傅科摆实验现象记录表

	实验现象		
	观察时间	傅科摆摆动方向	结论
第一次观察			
第二次观察			
两次比较			

（2）解释实验现象：_____

（3）生成新的实验活动，并说明原因和效果（在转动的餐桌盘子上使小球运动，观察偏转的方向；若须多次观察，可看录像）：

_____
_____。

（二）问题探究

（1）直观推断：如果在南半球，傅科摆偏转方向会不同吗？

（2）拓展分析：不同纬度傅科摆偏转幅度会有何不同？

（3）辩证思考：水盆放水时候形成涡旋和傅科摆偏转成因相同吗？有哪些类似成因的现象？

实验二　河流地貌实验

一、教学目标

（1）通过动手操作与观察实验现象，直观感知河流下蚀、侧蚀、溯源侵蚀、河流袭夺、堰塞湖发展、三角洲发育、河曲发育等现象。

（2）能运用已学知识，结合直观感受，初步解释相关河流地貌的形成过程与原因。

（3）能初步分析相关河流地貌与人类活动的关系。

二、实验器材

实验室河流地貌综合演示仪、洒水壶。

三、实验步骤

（1）在河流地貌演示仪器上，用铲子挖掘出模拟河道；打开出水口，观察河水流动对河床产生的作用；改变河流流量，调整仪器倾斜度改变河流落差的大小，观察河流侵蚀的变化。

（2）观察模拟河流汇入海洋时，三角洲上冲积物颗粒大小分布规律，观察三角洲位置是否有变化，观察河流落差改变对三角洲发育的影响。

（3）用沙子塑造出一段弯曲河道，观察河曲的发育过程。

（4）用一铲沙子堵住河流，模拟形成堰塞湖，观察堰塞湖的发展过程。

（5）在河道上模拟出瀑布，观察瀑布位置的变化；对斜坡上一段沟谷，用洒水壶模拟降水淋在源头处，观察河流源头位置的变化。

（6）模拟高位河与低位河及两河之间的分水岭，用洒水壶模拟降水，演示低位河支流逐渐切穿分水岭的现象，观察两条河流的变化。

四、观察探究

（一）实验现象与结论

（1）填写表4-7。

表4-7 河流地貌实验现象记录表

实验项目	实验现象		
实验一：下蚀与侧蚀	河流对河床的影响	河流流量与侵蚀能力	河流落差与侵蚀能力
实验二：三角洲发育	三角洲上冲积物颗粒大小分布规律	三角洲位置是否有变化	落差改变对三角洲发育的影响
实验三：河曲发育	河曲的发育过程		
实验四：堰塞湖发展	堰塞湖的发展过程		
实验五：溯源侵蚀	瀑布位置的变化	河流源头位置的变化	
实验四：河流袭夺	高位河和地位河的变化		

（2）运用已学知识，结合直观感受，尝试解释上述实验现象。

（二）问题探究

（1）河曲发育对人类活动的可能影响。（港口、聚落位置的选择）

（2）分析真实情境下的堰塞湖出现可能带来的危害及其对策。

（3）辩证思考：在地壳稳定的情况下，河流长期侵蚀会有怎样的结果？

实验三　洋流模拟实验

一、教学目标

（1）通过观察实验现象，描述北太平洋洋流运动特点。

（2）结合生活经验，解释北太平洋洋流形成过程。

（3）能把洋流运动的规律，推广运用到其他大洋和南半球海区。

二、实验器材

托盘（底部粘贴绘有北太平洋及其沿岸轮廓的图片、表示30°N和60°N彩条）、吸管、茶叶末、自来水。

三、实验步骤

（1）托盘放平，加入自来水，水位达到陆地轮廓部分的三分之二高处。

（2）放入适量茶叶末，用以显示水流运动。

（3）一人用吸管吹气，模仿东北信风；另一人用吸管吹气，模仿盛行西风。

（4）两人同步连续吹气，观察茶叶末显示的水流运动方向。

（5）把观察到的现象，绘制在世界海陆分布图上。

四、注意事项

用吸管吹气时，可以稍弯曲吸管，使吸管口与水面接近平行，效果更明显。

五、观察探究

（一）实验现象与结论

（1）实验现象：在世界海陆轮廓图上，用线条绘制出北太平洋中洋流运动的规律。

（2）解释实验现象：_____

_____

_____

（3）实验结论：_____是推动洋流的主要动力，洋流的运动还受到_____、_____等因素的影响；北半球中高纬度海区形成_____的洋流系统，北半球中低纬度海区形成_____的洋流系统。

（二）问题探究

（1）直观推断：南太平洋会形成怎样的洋流系统？大西洋形成怎样的洋流系统？

（2）拓展分析：北印度洋冬、夏季会形成怎样的洋流系统？

（3）辩证思考：洋流对自然环境和人类活动可能带来哪些影响？

第三节　地理考察

项目一　瞻仰先贤，励志心怀天下；走进自然，实践获取真知

——天平山考察

一、教学目标

（1）参观范仲淹纪念馆，了解范仲淹生平，体悟范仲淹心怀天下的情怀和伟大人格。

（2）在野外观察花石蛋、峰林、一线天等花岗岩地貌景观，实地探究白云泉的形成、土壤的发育、植被等，培养学生的观察能力、探索能力和审美情趣。

二、活动要求

（1）在家长陪同下前往天平山，注意交通安全。

（2）3~6人为一组，每组选出组长、摄影师、记录员，各有分工，考察后整理资料并撰写考察报告。

（3）考察过程中按小组集体活动，避免危险性大的活动项目，出现紧急状况时，及时与老师取得联系。

（4）不得随意敲打景区岩石，严禁食用野果、野菜等。

（5）穿着较为舒适的衣裤、合脚防滑的鞋子，带好遮阳帽、防晒霜及晴雨伞等。准备水、干粮，带齐考察所需的设备，如铁铲、锤子、结实的塑料袋（包岩石标本用）、相机、手机、记录本等。

三、考察内容

活动线路：忧乐坊—范仲淹纪念馆—更衣亭—白云泉——线天—飞来峰—回音谷—观枫台—中白云—二线天—三线天—高义园。

（1）路途中。

研学任务（1）：打开手机上的电子地图，查找去天平山的路线，需要多长时间到达。这运用了什么地理信息技术？

（2）忧乐坊（集合地点）。

研学任务（2）：花岗岩是由岩浆在地下深处冷却凝固而形成的岩石，主要由长石、石英、云母三种矿物组成。观察花岗岩的颜色、硬度、结构特点，说说花岗岩为何常常用作建筑石材和雕塑。

（3）范仲淹纪念馆。

研学任务（3）：概括范仲淹的生平和事迹（不少于200字）；收集你最喜欢的范仲淹的名言警句5句。

研学任务（4）：观察建筑模型，认识硬山式屋顶、悬山顶、歇山顶、庑殿顶，运用照片和文字说明。

（4）更衣亭。

天平山位于苏州西郊，海拔221米，由花岗岩组成，属于苏州花岗岩体。苏州花岗岩体形成于距今约1.5亿年前的侏罗纪燕山运动时期，是多期侵入的复合岩体。花岗岩是侵入岩，地下岩浆在高压下，沿着地壳的裂缝侵入，慢慢冷却后形成。苏州西郊的天平山、灵岩山、狮子山等都是花岗岩。

研学任务（5）：花岗岩形成在地下深处，为何现在成了突出在地表的山地呢？

（5）白云泉——裂隙泉。

白云泉位于天平山腰，也叫钵盂泉、一线泉，属于裂隙泉。泉水从山壁石缝中流出，终年不绝，清澈甘甜，有"吴中第一水"之称。

研学任务（6）：泉水从哪里来？为何山泉水矿物质含量较多？

（6）一线天。

研学任务（7）：解释一线天地貌的形成原因。

研学任务（8）：拍摄根劈作用照片，分析植物生长需要的土壤从哪里来。

（7）飞来峰。

研学任务（9）：说出飞来峰的形成过程和发展趋势。

（8）回音谷、观枫台。

研学任务（10）：什么季节观赏红枫效果最佳？枫叶为何会变红？北京香山也是观赏红枫的最佳地点，比较天平山和香山观赏红枫最佳季节的先后顺序。为什么会出现这种情况？第二年春天哪里的枫树长出新叶更早些？

（9）观察土壤剖面。

研学任务（11）：估算土层厚度、观察土壤上下不同层次的差异（颜色、颗粒大小等），分析天平山上的土壤从哪里来，土壤形成过程中受到哪些因素影响。

（10）高义园、接驾亭。

研学任务（12）：认识大理岩，了解大理岩的形成过程。

四、活动评价

依据表4-8进行分项评价与打分。

表4-8 天平山考察的地理实践力评价量表

序号	观察维度	基础水平	复杂水平	高级水平	分项总评
		注意到被探索的自然情境中最显著的、最表层的方面	超越表层进行观察，针对所观察到的内容提出问题	在得出观察结果和结论的过程中，有创造性的飞跃；理解观察结果与实践任务之间的联系	
1	研学路线	描述了去天平山的路线	描述了查找去天平山路线的方法或工具	描述了所使用的查找去天平山路线的方法或工具与地理信息技术间的联系	
2	范文正公祠	描述了范文正公祠	从位置、外观、碑文内容、建筑形式等方面描述了范文正公祠，提出了一些问题	分析了范文正公祠的修建与范仲淹生平的关系，并表达了自己感悟	
3	矿物辨认	描述了自己见到的矿物的名称	描述了自己所见到的不同矿物的特征差异，提出了一些问题	分析了自己所见到的不同矿物的特征差异的成因	
4	花岗岩峰林	描述了花岗岩峰林	从位置、范围、形态、海拔等方面描述了花岗岩峰林，提出了一些问题	分析了花岗岩峰林的形成过程	

续表

序号	观察维度	基础水平	复杂水平	高级水平	分项总评
		注意到被探索的自然情境中最显著的、最表层的方面	超越表层进行观察，针对所观察到的内容提出问题	在得出观察结果和结论的过程中，有创造性的飞跃；理解观察结果与实践任务之间的联系	
5	一线天	描述了花岗岩节理	从数量、分布、走向等方面描述花岗岩节理，提出了一些问题	分析了花岗岩节理与一线天发育的联系	
6	白云泉	描述了白云泉	从位置、水量、水质等方面描述了白云泉，提出了一些问题	分析了泉水水质与泉水成因间的联系	
7	飞来峰	描述了飞来峰	从位置、形态、海拔等方面描述了飞来峰，提出了一些问题	分析了飞来峰的形成过程与发展趋势	
8	红枫	描述了红枫	从位置、植被类型、生存环境等方面描述红枫，提出了一些问题	分析了适宜观赏红枫的位置和时间	
9	土壤剖面	描述了土壤剖面	分层描述了土壤剖面和每层的特征，提出了一些问题	分析描述了土壤剖面中各层的特征与土壤发育过程间的联系	
10	大理岩	描述了大理岩	从分布、特征、用途等方面描述了大理岩，提出了一些问题	分析了大理岩的成因与其分布、特征和用途间的联系	
分数总评		等级说明： 分项等级：0~2.5分基础水平；2.6~5分复杂水平；5.1~10分高级水平 总评等级：0~25分基础水平；26~50分复杂水平；51~100分高级水平			

项目二 枕河斜塘，观景思真
——斜塘河考察

一、活动目的及背景

为充分锻炼地理选修生的地理综合思维、区域认知和地理实践力，助力人地协调观念的树立，提升学生的乡土地理认知和培育乡土情怀，特组织斜塘河自然和人文地理考察。

斜塘河是西安交通大学苏州附属中学附近的一条历史名河，西接金鸡湖，东连吴淞江，古来就是交通要道。斜塘老街是一条有700多年历史的古街，是苏州著名景点。斜塘河沿岸有水文、岩石、生物等诸多自然地理考察对象，亦有大量城市商业、居住区布局及本土特色城乡景观等人文经济要素考察点。

二、活动流程

学生自愿报名参加此次研学活动，由家长接送到集合地点，路途安全自行负责。活动时间约为 1.5 个小时。参加者自行打印研学手册，考察途中认真记录。3~5 人组成一个研学小组，选出组长，考察过程中注意分工合作。考察结束后，以小组为单位，提交 1 份电子版考察报告（有照片、文字资料），发送到指定邮箱。后期通过"腾讯会议"组织研学报告，由各小组承担汇报任务（每个小组汇报其中几个问题）。

三、研学问题（可以不限于以下问题）

（1）手机里提前安装水印相机 APP，设置好后拍摄照片，能显示出拍摄地的经度、纬度、海拔、时间、天气等要素，用以记录研学过程。

（2）太湖石属于哪一种岩石？苏州盛产太湖石反映苏州地质历史上曾经有什么样的环境？太湖石"瘦丑漏透"形态的形成原因是什么？

（3）斜塘河岸边大量景观石属于哪一类岩石？这类岩石有何特点（颜色、硬度、物质组成）？岩石为何都圆滚滚的没有棱角？河边放置这些石头有何作用？由此类岩石组成的灵岩山、天平山是如何形成的？

（4）试着判断斜塘河的流向。斜塘河为何水流缓慢？河上可以建设高坝吗？分析苏州水资源和水能资源状况。

（5）斜塘河中大量水草有何生态功能？小河湾中为何杂物、水草很多？由此联想海港为何多位于海湾中？

（6）斜塘河水从哪里来？去向哪里？斜塘河一年中水位有变化吗？分析水位变化的规律和原因。你能找到水位变化的证据吗？

（7）观察河岸边杉树露出地表的根，猜测其功能，并寻找证据。

（8）借助百度地图，从水运条件分析斜塘老街成为著名的古商业街的原因。

（9）斜塘河、金鸡湖对周边自然和人文地理环境有何影响？

项目三 "校园寻秋"主题研学

一、研学目标

（1）能够通过查阅资料，了解气候学对秋季的定义；并在校园内寻找对应的物候变化，采用视频、照片、图画、文字等形式予以记录。

（2）能够识别至少 5 种落叶植被，并在校园示意图上标注其位置；采集落叶并配以介绍校园秋色的文字，用以制作落叶书签。

（3）能够记录一周的校园气温、湿度、风向、风力变化及天气阴晴变化，寻找一周内最剧烈的一次天气变化；查阅中央气象台网站对应的天气图，用以解释当次的天气变化。

（4）能够通过查阅资料、咨询师长等方式，了解秋季养生保健常识；调查并设计秋季食补菜单，尝试为家人烹饪秋季养生美食。

（5）能够通过查阅资料、咨询师长等方式，了解秋冬季节校园植被养护的措施；参与校园植被养护劳动，记录劳动体验，提出养护建议。

二、研学任务单

（一）定义秋

（1）查阅资料，记录气候学对秋天的定义。

（2）校园寻秋，用文字、图片、视频记录校园内的物候变化。

（二）采集秋

（1）在校园内寻找并识别至少5种落叶植被，在校园示意图上标注其位置。

（2）采集落叶、配以介绍校园秋色的文字，用以制作落叶书签（由学校统一制作）。

（三）解释秋

（1）记录一周的校园气温、湿度、风向、风力变化及天气阴晴变化，寻找一周内最剧烈的一次天气变化。

（2）查阅中央气象台网站（http://www.nmc.cn）对应的天气图，解释一周内最剧烈的一次天气变化。

（四）品味秋

（1）查阅资料、咨询师长，了解秋季养生保健常识。

（2）调查并设计秋季食补菜单，并尝试为家人烹饪秋季美食。

（五）养护秋

（1）查阅资料、咨询师长，了解秋冬季节校园植被养护的措施。

（2）参与校园植被养护劳动，记录劳动体验，提出养护建议。

三、研学评价单

完成研学评价单（表4-9）。

表4-9 "校园寻秋"研学评价单

研学任务	评价指标				自评得分
定义秋	有文字记录	有图片或视频记录	文字记录科学严谨	图片或视频记录真实典型	
	5分	5分	5分	5分	
采集秋	植被识别数量充足	植被识别记录科学严谨	采集数量充足	配文科学优美	
	5分	5分	5分	5分	
解释秋	数据记录翔实	记录的天气变化真实典型	精准采用天气图	解释科学严谨	
	5分	5分	5分	5分	

续表

研学任务	评价指标				自评得分
品味秋	资料来源可靠	记录科学严谨	有食谱设计	有实践佐证	
	5分	5分	5分	5分	
养护秋	资料来源可靠	记录科学严谨	有参与校园植被养护劳动	有劳动感悟或校园植被养护建议	
	5分	5分	5分	5分	
总评得分					

项目四 校园观测星空活动

一、活动背景

在城市中生活，现代人终日忙碌于工作学习，很少有机会去观测星空。城市受灯光干扰，观测星空的条件不好，许多学生从未关注过头顶的星空。校园内即使有灯光干扰，周围建筑阻挡，但是依然能看到夏季大三角、土星、木星、大角星、北极星等较为明亮的天体。在9月份晴朗的夜晚，利用学校晚自习课间的时间，组织高一学生在合适地点进行一次观察星空活动，有助于学生具身学习天体、天体系统、地球运动等知识，体验地理知识的价值，激发地理学习兴趣。而且，校园观测星空活动不需要特别的设备，活动安全有保障，组织便利，适合于各类学校开展。

二、活动目标

（1）通过实地观测，认识夏季天空的明亮天体，分析天体亮度不同的原因，比较不同时刻星空向西运行的现象，了解拍摄星轨的方法。

（2）学习使用辅助星空观测的软件、星空图，为以后观测星空做准备。

（3）感受星空，亲近自然，激发学习兴趣，增强地理实践力。

三、活动过程

提前准备指星灯，有条件的准备有星空观测软件的手机或者平板，或使用活动星空图。

（1）寻找天顶附近的夏季大三角（牛郎星、织女星、天津四），思考问题：恒星看起来相对位置不变，是因为恒星真的恒定吗？

（2）寻找天顶偏西明亮的大角星，思考问题：影响天体明亮程度的因素可能有哪些？

（3）寻找某行星（明亮的木星、土星），比较行星的特点，如亮度、是否闪烁，思考问题：行星的位置为何有明显变化？

（4）寻找北极星，估测北极星在天空中的高度，分析北极星在天空中位置不变的原因，了解拍摄星轨的方法。

(5) 放学后再次观测星空，比较不同时刻天体位置变化并解释其原因。

四、评价指标

积极参与，遵守纪律，认真观察，合作研讨，正确使用工具。

项目五 测量正午太阳高度活动

一、活动目标

实测正午太阳高度角，感知太阳高度、日影方位等概念，提高实践能力，培养求真务实的科学精神。

二、测量器材

杆子、皮尺、手表、手机或计算机、纸笔。

三、测量过程

(1) 用手机定位软件确定本地经纬度。

(2) 计算本地正午时的北京时间。

(3) 本地正午时刻，实际测量杆影长度。

(4) 查阅三角函数表，计算出本地正午太阳高度大小。

(5) 上网查阅当日太阳直射点的纬度，计算正午太阳高度角的理论数值。

(6) 对比实测值和理论值，分析误差产生的原因。

(7) 改进方法，第二天再次测量，并验证误差是否缩小。

(8) 撰写研究报告，总结研究过程并得出结论。

四、评价指标

积极参与，合理使用工具，多角度分析误差成因等。

项目六 气压测量与探究活动

一、活动目标

运用仪器实测不同楼层的气压差异，并运用物理知识进行解释和理论计算，寻找实测值和理论值的差异，增强行动能力和误差分析能力。在实践和跨学科知识运用中，理解气压的概念，并运用于分析热力环流中气压变化、锋面过境前后气压变化，构建全球气压带模型。

二、测量过程

(1) 根据说明书，调校气压计。

(2) 分别测量一楼和六楼气压，记录时间、气温、气压；可以多次测量，取平均值。

(3) 测量或者估算一楼到六楼的高度差。

三、分析与解释

（1）运用所学物理知识解释现象。提示：近地面大气密度约为 1.3 千克/立方米。

（2）推测冬夏季气压大小差异。判断冷空气过境前后气压如何变化。

（3）说明书中提醒，气压快速下降，表明将会下雨，有何道理？

四、拓展与深化

（1）海陆风形成过程中陆地和海洋近地面气压会发生什么变化？大气会怎样运动？

（2）观察地理信息系统中的 0、30°、60°、90°近地面气压带性质，考虑大气的连续运动，尝试构建全球性的大气环流，并进一步解释原因。

地理信息系统：全球天气（https：//earth.nullschool.net），视图为 P 模式，观察 0、30°、60°、90°近地面气压带性质。

五、展示与交流

小组合作，将活动过程、研究成果用文字和图片翔实记录，做成小报向同学展示。

项目七 白塘生态植物园自然地理考察活动

一、活动目标

白塘生态植物园建成于 2005 年 4 月 30 日。占地面积 60.5 公顷，是在保留原形地貌、洼地水产养殖区环境的基础上新落成的大型现代景观植物公园。相传很久以前这里就是一片沼泽地，水质甘洌，常年水润风泽，杂树植被茵茵，并吸引成群的白鹭远道而来，停驻塘边饮水栖息，因此得名"白塘"。与苏州的传统园林不同，白塘生态植物园在设计建造时侧重满足现代都市人"亲近自然"的需求，在山野地貌的特征上，以清新自然、宁静开阔的现代手法，融合河谷、水溪湿地、山林、坡地等众多自然元素，并引种各色植物花卉 549 种，最大限度地开拓城市的绿色空间与和谐清新生态环境。白塘生态植物园景区内共分景观生态观赏区、游乐娱乐区、湿地区等九大功能区，四季岛花木葱郁，湿地园明净清新，大型音乐水景广场流光溢彩，五觉园神秘生动……成为现代都市人"离尘不离城"的最佳休闲地。

白塘植物生态园有丰富的地理元素，可以考察植物对湿地环境的适应性特征，河流的侵蚀搬运作用，湖泊水位的季节变化、富营养化现象等。开展白塘生态植物园地理考察活动，学生能亲身感知地理事物，发现地理要素之间的联系，体验地理探究的乐趣。

二、活动要求

活动安排在周末，学生自愿报名参加，自己提前打印活动任务单。家长需要签署知情同意书（集合时交给带队老师），并负责学生参加活动的来回交通。在手机中提前安装好形色 APP 和水印相机 APP 用于识别植物和拍摄有位置时间信息的照片。3~5 人为一组，自由组合，考察过程中合理分工，积极协作；考察结束后及时完成考察报告，发到指定邮箱。

集合地点：白塘植物园西门（靠近青少年活动中心）。

考察线路：西门—地热井—春岛—夏岛—月霞坡—旱溪—五觉园—冬岛。

三、考察内容

（1）地热井。

辨识搭建地热井的岩石名称和类型，说明地热的来源。

（2）春岛。

用形色 APP 辨认植物，了解其原产地、生长条件和形态特征。用水印相机 APP 拍摄有位置（经纬度和海拔）信息、时间信息的景观照片。

（3）夏岛。

分析水杉板状根和呼吸根与地理环境的关系，观察莲藕、蒲苇的形态特点对水生环境的适应。观察生物（水葫芦）入侵、湖泊水体富营养化等现象。

（4）月霞坡。

结合周围地形，了解湖泊流域、分水岭的概念。观察湖泊水位的季节变化，探讨其原因。观察风和波浪的关系、河湾处风浪大小。

（5）旱溪。

观察河流溯源侵蚀，分析河谷中巨大鹅卵石的成因；理解侵蚀循环学说。使用工具（锤子、放大镜等）分辨岩石河道中鹅卵石所属岩石的类型。

（6）五觉园（东侧）。

观察梯田的形态，分析梯田有助于水土保持的道理。分析凸起高台各侧面的光照、气温、蒸发条件，探讨不同条件（干旱区、高寒区）对植物生长的影响。

（7）选择合适地点实测该日正午太阳高度角，且与理论数据对比，寻找产生误差的原因。

（8）在游乐场、五觉园，学生开展团建活动。

（9）指定人员完成活动的拍照与报道、发布工作。

四、评价指标

按时到位，认真观察，善于质疑，分工合作，认真完成考察报告。

项目八　植树实践活动

一、观察与体验

（1）本次种植的树种为镇安板栗和秋白梨。试辨认你种植的是哪一种，判断它属于常绿还是落叶树种。

（2）考察种植条件优劣。镇安板栗喜深厚、排水良好的砂质壤土，忌盐碱、低湿易涝，对土壤酸碱度较为敏感，适宜在 pH 值 5~6 的微酸性土壤上生长。秋白梨喜肥水，适宜在土层深厚、土质疏松、排水良好的阳坡砂土中生长。

① 判断土壤质地。取一块土壤，加适量水，在手掌中尝试捻搓成条状，较容易捻搓成条，说明土壤平均颗粒小，为黏土质地；很难捻搓成条，表明土壤颗粒较大，为砂土质地；能捻搓成较短较粗的土条，说明土壤颗粒适中，为壤土。一般而言，颗粒大的砂土透气好、水容易下渗，但不易储水保肥；颗粒小的黏土相反。具体见表4-10。

表4-10 判断土壤质地

土壤质地	表现
砂土	不论加水多少都不能搓成条或片
砂壤土	湿时可搓成大拇指粗的土条，再细即断
轻壤土	湿时可搓成土条，但放地上捡不起来，易断
中壤土	湿时可搓成土条，能捡起来，但弯曲成环就断裂
重壤土	湿时可搓成细长土条，可弯成环，但环上有裂纹
黏土	可揉成细条，能弯成完整的环而无裂痕

② 观察种树地点周围地形起伏，判断是否利于排水。

③ 把pH试纸贴在湿润的土壤上，试着测量土壤pH值。

④ 判断土壤肥沃程度。土壤中有机质含量是土壤肥力的重要指标，一般而言，土壤颜色越深，有机质含量较多。观察土壤颜色，结合使用土壤质地测量仪测量，判断土壤肥沃程度。

综合结论：_____

_____

（3）小组合作，图文记录种树过程，指出种树的要领和原因。

（4）3月12日是我国植树节，分析春天为何是种树的好时机。

二、分析与思考

（1）我国森林主要分布在哪里？森林可以分成哪些类型？

（2）森林有重要的生态意义，试分析森林在不同环境中的价值（如多雨山区、荒漠中绿洲的边缘、城市行道树等）。

三、拓展与延伸

（1）讨论：西北干旱地区大规模植树造林合适吗？

（2）我国有一个面积达1.6万平方千米的县，居然没有一棵树，有人特意种也种不活。试着猜测这个县在哪里？为何很难把树种活？

四、交流与汇报

小组（3~5人）合作，将研究过程和结果整理成研究报告，要求图文并茂、排版美观，请注明班级姓名，打印提交，并且把电子文稿发送到各自班级地理（或班主任）

老师邮箱，班级和学校将组织展示交流和评比活动。

五、评价

活动以表4-11作为行动指南和评价依据。

表4-11 植树实践活动评价量表

评价项目	评价指标与分值	学生自评	学生互评	教师评价	总评
辨认树种，判断类型	能通过查询资料、现场观察等完成任务（10分）				
考察种植条件优劣	通过考察与实验，从土壤质地、排水条件、肥沃程度、酸碱性等方面综合分析种植条件的优劣（10分）				
记录种树过程和原因	图文记录主要环节，并分析原因（10分）				
分析春天为何是种树的好时机	能从气温、降水、植物生长发育等多方面分析（10分）				
说出我国森林类型和分布	能指出我国森林、草地、荒漠的分布格局，说出森林类型和影响因素（10分）				
分析森林的生态意义	能结合区域特点，有针对性地分析森林的生态功能（10分）				
讨论西北干旱地区大规模植树造林的适宜性	能结合西北地区位置和气候干旱的特点，正确认识协调人地关系的途径（10分）				
猜测我国没有树的县	能猜测出地点，并从空气密度、气温、冻土、大风、强日照等多个角度综合分析（10分）				
合作参与	主动参与，态度认真；积极合作，合理分工，善于倾听他人意见、乐于分享（5分）				
展览海报	过程翔实、内容丰富、图文并茂、版面美观（10分）				
交流展示	仪态大方、语言准确、内容精当，能较好地应对质疑和提问（5分）				

第四节 地理调查

项目一 牧谷农场服务功能调查

一、体验与调查

（1）运用地理信息技术。

用手机导航软件搜索学校到农场的路线并截图保存，说明实现此功能运用了哪些地理信息技术。

（2）分析农场位置与交通条件。

运用手机地图，分析农场的位置和周围交通情况（可手绘图或截图），根据比例尺估算农场面积大小。

（3）调查农场服务范围与对象。

通过访谈、网上查找，了解农场土地以前是什么用途、农场的客源主要有哪些、有没有淡旺季。

二、分析与思考

（1）与原用地方式相比，改建农场带来哪些变化？

（2）试着解释你调查到的农场客源、淡旺季现象等。

（3）分析农场选择在此地建设的优势（区位优势）。

三、拓展与延伸

（1）作为游客，你感觉农场有哪些令你满意的地方？哪些感受不好的地方？

（2）请你为农场未来的发展提出合理化建议。

四、交流与汇报

小组（3~5人）合作，将研究过程和结果做成 Word 版本的研究报告，要求图文并茂、排版美观。把电子文稿发送到指定邮箱。

五、活动评价

活动以表 4-12 作为行动指南和评价依据。

表 4-12 牧谷农场服务功能调查评价量表

评价项目	评价指标与分值	学生自评	学生互评	教师评价	总评
运用地理信息技术	能在不同任务中正确运用地理信息技术，说出其功能和原理（10分）				
分析农场位置与交通条件	能运用电子地图，分析交通条件、估算面积（10分）				

续表

评价项目	评价指标与分值	学生自评	学生互评	教师评价	总评
调查农场服务范围与服务对象	能通过合适途径，获取相关信息（10分）				
分析改建为农场带来哪些方面的影响	能从经济、社会、环境多方面、多角度进行分析（10分）				
解释你调查到的农场的客源、客户类型、淡旺季现象	能合乎逻辑地进行解释（10分）				
分析农场选择在此地建设的优势	能从位置、地价、市场、交通、政策等多角度进行综合分析（10分）				
谈谈对农场的感受	能有自己真实而独特的体验（10分）				
为农场未来的发展提出合理化建议	能从农场服务内容、配套服务、宣传营销等多方面提出可行的建议（10分）				
合作参与	主动参与，态度认真；积极合作，合理分工，善于倾听他人意见、乐于分享（5分）				
展览海报	过程翔实、内容丰富、图文并茂、版面美观。（10分）				
交流展示	仪态大方、语言准确、内容精当，能较好地应对质疑和提问（5分）				

项目二 调查家族历史，学习人口增长与迁移

一、活动目标

家庭是社会的细胞，一个家庭的人口增长和迁移，能在一定程度上反映整个社会的情况。通过此次调查，增进亲情互动，了解家族历史，基于真实案例学习人口迁移知识；提高信息加工和分析能力，发展地理实践力。

二、活动步骤

（1）访谈家人，了解父亲家族中曾祖父以来所有人的情况，填写表4-13。（可以增加空格）

表4-13 家庭人员迁移经历调查表

	总人数	有迁移经历人员	迁移人员详细情况		
			出生地	迁移时间和目的地	迁移原因
第一代（曾祖父辈）					

续表

	总人数	有迁移经历人员	迁移人员详细情况		
			出生地	迁移时间和目的地	迁移原因
第二代（祖父辈）					
第三代（父亲辈）					
第四代（本人辈）					

（2）根据调查资料，写一份"家族人口增长和迁移调查报告"，分析不同时代人口增长的特点，以及不同时期人口迁移的方向和原因。做到观点有论证，形式力求图文并茂、设计美观。

项目三　代言家乡农特产，具身学习农业知识

一、活动目标

地理与生产生活密切相关。因为学生大多在城市长大，对农业缺乏了解，所以请学生与家长合作，通过咨询、网上查找资料等途径，完成代言家乡农特产的任务，在"了解家乡培育乡情，代言特产助力发展"的情境中，通过鲜活案例学习农业相关知识。

二、活动内容

（1）代言家乡农特产：介绍家乡在哪里，推荐家乡的一种特色农产品（盘锦大米、无锡水蜜桃、阳澄湖螃蟹等），说明该特产有何优点（可从营养、功能等多方面说明）。

（2）了解农特产生产过程：调查家乡农特产的种植（养殖）方法、主要管理环节等情况。

（3）分析农特产高品质成因：调查该农产品的生长条件、在我国的主产区，分析家乡农特产品质优良的原因。

（4）调查农特产的生产变化：该农产品的种植（养殖）规模、经济效益在不同时期有没有变化？变化原因是什么？

（5）为家乡农特产发展建言：对家乡农特产未来的发展提出建议。

三、活动评价

同学们可以依据评价量表（表4-14）的指引，做好各项工作。

表 4-14　代言家乡农特产活动评价量表

评价项目	评价指标与分值	学生自评	学生互评	教师评价	总评
代言家乡农特产	能从外观、营养、口感、生态、健康等多方面说明农特产的特点（10分）				
了解农特产生产过程	能说明农产品的生长发育主要阶段、相应的管理措施，体现农业生产的季节性，说明管理措施的合理性，渗透人地协调观（15分）				
分析农特产高品质成因	能结合区域特点，从气候、土壤、水源、地形、农业技术等多方面综合分析影响农业生产的因素，并突出主要因素（15分）				
回顾农特产的生产变化	能从农业技术、市场需求、政策、交通等因素的变化，综合分析农特产种植规模与效益的变化（15分）				
为家乡农特产发展建言	能综合考虑经济效益、生态效益、社会效益，从生产、加工、销售等多个方面，结合区域特点，提出有针对性的建议（15分）				
合作参与	主动参与，态度认真；积极合作，合理分工，善于倾听他人意见、乐于分享（10分）				
展览海报	过程翔实、内容丰富，图文并茂、版面美观（10分）				
汇报展示	仪态大方、语言准确、内容精当，能较好地应对质疑和提问（10分）				

第五节　学具和模型的制作与运用

项目一　运用模型，具身认知等高线

一、活动目标

等高线把地形起伏表现在平面上，平面与立体之间的转换对学生来说有一定难度。利用学具辨认不同的地形部位，再亲自绘制出等高线，并把等高线地图与实物对应，发现不同地貌的等高线特征。通过具身认知形成直观体验，能快速理解等高线而且经久不忘。

等高线模型可以分层拿下，在纸上沿着轮廓绘制等高线，能表示出山脊、

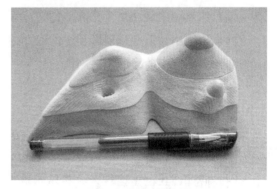

3D 打印等高线模型图

山谷、山顶、鞍部、陡崖、凸坡（不可通视）、凹坡（可通视），以及山坡上的凸丘（等高线数值大于大的）、山坡凹坑（等高线数值小于小的）。

二、活动步骤

（一）情境问题

观察多姿多彩的地貌，如沙丘、大峡谷、陡崖、山脊、山谷等。

问题：怎样把立体的地形地貌准确形象地表达在平面图上呢？

（二）具身感知

（1）观看等高线绘制方法的动画，了解等高线绘制原理。

（2）使用等高线学具，辨认各地形部位（山顶、山脊、山谷、鞍部、陡崖、凸丘、洼地等），并且分层绘制等高线。

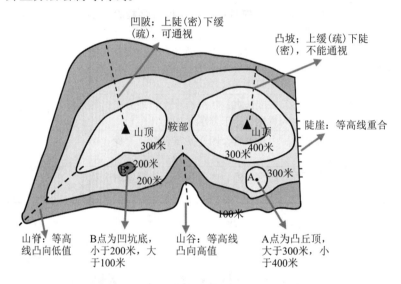

分层设色等高线示意图

（三）深入探究

（1）假设最低处海拔100米，等高距为50米，标注各条等高线的数值。

（2）估算图中最高峰、次高峰的海拔。

（3）分析山坡上凸丘顶部和洼地底部的海拔范围。

（4）估算图中陡崖的相对高度。

（四）迁移运用

（1）如何选择较为省力的登山路线？

（2）去哪里寻找小溪获取水源？

（3）怎样选择理想的宿营地？

（4）假如凸丘位于南坡，分析从最高峰向北是否能看到山脚，从次高峰向北是否能看到山脚；比较能通视和不能通视的山坡等高线特征有何不同，试绘制出各自的剖面图。

（5）典型习题（略）。

项目二　学具支持下学习新旧日期范围变化

一、设计意图

地球上有两条日期分界线，一条是地方时为 0 点的经线，0 点经线向东属于新的一天，向西属于过去的一天。0 点经线背对太阳，随着地球自转，0 点经线位置相对于地表不断向西移动。

日界线（大体沿着 180°经线）是人为规定的日期变更线，日界线以西为东 12 区，属于新的一天，日界线以东为西 12 区，属于过去的一天。

新一天的范围是地方时为 0 点的经线，向东到日界线。

随着地球自转，0 点经线位置相对于地表不断向西移动，新一天的范围逐渐增大，旧一天的范围相应缩小，直到全球都进入新一天，然后再产生更新的一天。新旧日期范围的变化规律，对学生来说是一个难点。学具能形象直观地展示上述原理，使学生在动手操作中能很快掌握这一知识点。

二、学习步骤

1. 观察北天极俯视的地方时变化规律

下图示意北半球夏半年某日光照情况，正对太阳的经线地方时为 12 点，背对太阳光的经线地方时为 0 点。0 点经线是天然日期分界线，0 点经线向东属于新的一天（X+1 日），向西属于过去的一天（X 日）。

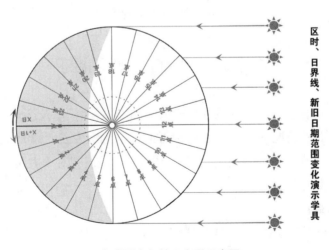

北半球夏半年某日光照示意图

2. 观察北天极俯视的时区分布状况

从北天极俯视，能把握全球时区自西向东的变化。日界线以西为时间最早的东12区，属于新的一天（X+1日），日界线以东为时间最晚的西12区，属于过去的一天（X日）。

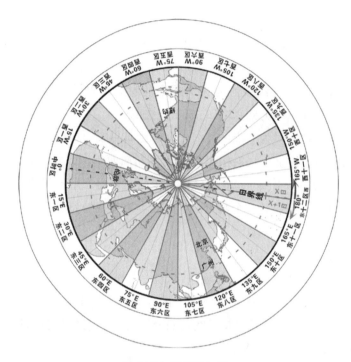

地方时与时区叠加图

3. 叠加投影片动态演示新旧日期范围变化

将透明的地方时变化图，叠加在时区图上，圆心处固定，自西向东转动地球时区图，可以观察到新旧日期范围发生变化。

指导学生分别演示新一天范围占全球1/4、1/2、3/4，以及全球日期统一的情况，并提醒学生注意几种情况下180°经线的地方时，学生会发现，180°经线的地方时除以24，就是新一天范围占全球的比例。也就是说，180°经线相对于太阳光线的位置，决定了地球上新旧日期的范围。

三、活动总结

直观形象的学具，发挥了很好的支持作用。学生在动手动脑的过程中，发现问题的实质。实践证明，这种方式效果很好，学生也很喜欢。

项目三 学具支持的天气系统探究活动

常见的天气系统，如锋和气旋、反气旋，教师觉得原理很简单，但学生还是感觉有相当的困难。这是因为天气系统时空尺度大，学生难以直接感知。建议通过亲身体验、动画、学具为具身认知天气系统提供支持。

一、亲身体验

秋冬季节，在冷锋来临前后，指导学生关注天气变化，观测气温、气压、风等天气要素的变化。夏秋季节台风来临时，可以指导学生关注台风动向，观测相应的天气变化。可以在黑板一角连续几天发布天气预报，引领学生感性了解气象要素及其变化。

二、动画演示

利用动画，演示锋面的成因、移动、天气状况；展示气旋、反气旋的气压结构、天气状况、移动路径等。

三、学具探究

阅读教材，观察或操作动画，初步了解天气系统后，小组合作，使用学具演示天气系统及其带来的天气变化。可以利用锋面学具演示冷锋和暖锋过境前后的天气变化，利用学具拼摆南北半球的气旋、反气旋，并说明相应的天气变化。

（1）探究冷锋、暖锋。

学具由透明的上片和底座两部分组成，并折叠成"几"字形，模拟三维状态。

使透明片在底座上左右滑动，小组合作，演示并且说明某地在冷锋或者暖锋过境前、过境时和过境后的天气变化。

冷锋、暖锋过境天气演示学具

冷锋过境天气学具演示

暖锋过境天气学具演示

（2）探究气旋、反气旋。

学具提供相关组件：近地面气压结构图、水平气流方向箭头、垂直气流运动图、天气符号。学生小组合作，利用组件拼摆出南北半球的气旋和反气旋，并分析气旋、反气旋带来的天气变化，演示某地在台风过境前后气压、风向的变化。

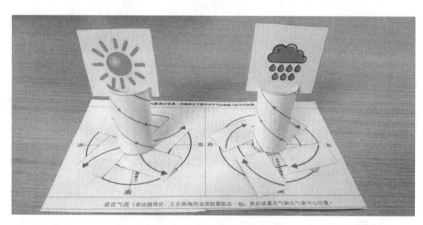

气旋、反气旋天气学具演示图

学具的功能定位于辅助学生学习，支持学生在情境中，通过动手动脑的自主合作探究活动，在问题解决中实现深度学习。因地制宜制作和运用地理学具，对改善地理学习过于偏重文本符号的传递与加工，或利用多媒体高强度灌输的状况，实现新课程倡导的实践性学习、探究式学习，有积极意义。

项目四　探究校园赤道式日晷

一、问题提出

校园内有大型日晷，每天上下学都可以看到，日晷是怎样用的？背后的原理是什么？

二、学习目标

（1）了解日晷的结构与功能、计时原理、使用方法。

（2）动手制作一个简易日晷，尝试计时，并且把相关知识教授给周围同学和家长。

三、学习活动

（1）查阅资料，了解古代计时方法（漏刻、日晷）及其基本原理。

（2）观看夏至日太阳视运动轨迹动画，说出地方时与太阳方位的关系。

（3）结合日晷介绍图文资料，了解赤道式日晷的结构和功能。

（4）根据资料，绘制赤道式日晷原理图，计算苏州日晷针、日晷盘与地平面的夹角；使用罗盘，测定学校日晷放置的方向、晷针晷盘的倾角，检验放置是否正确；学会从日晷盘上读取时间，并且与手表时间对照，如有偏差，试着找出原因；测量不同时刻日晷针影长度，解释你观察到的现象。

（5）通过实验、动画，理解地球公转过程中太阳直射点的回归运动；在天球图上绘制天赤道与黄道。

（6）探究日晷为何是双面的、不同节气看哪一个侧面。

（7）问题解决：深圳大学时光广场的日晷有何问题？

打开百度地图，搜索"深圳大学时光广场"，进入全景模式，找到日晷，即可得到下图（方向标为百度地图自带）。

深圳大学时光广场全景图（图片来源：百度地图）

（8）动手制作日晷。

材料工具：一个质地比较硬的卡纸、一个圆规、剪刀、铅笔、牙签。

① 用圆规在卡纸上画出两大、两小四个同心圆。

② 用剪刀将大圆裁剪下来，将大圆的边均匀分成12份，并在里面两个圆形边之间给每一份用铅笔标注时辰。

③ 标注完成后，拿一根牙签穿透纸板的中心，将卡纸做成一个三角形底座，斜边的角度为当地的纬度。（苏州的纬度为北纬31°）

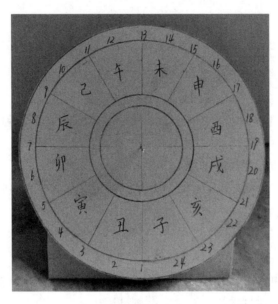

自制日晷示意图

④ 制作完日晷后，若天气晴朗，则可到教室外面，阳光没有被遮挡的地方进行实地观测，读出时间，看看与钟表上的时间是否一致。若误差偏大，则探究原因，是日晷制作上出了问题还是观测时的操作问题，并进行改正。

（9）有同学觉得学校日晷放置地点不太合适。说说你的意见，你建议日晷放在哪里更合适？请说明理由。

项目五　运用学具，从天球视角探究太阳周日视运动规律

一、知识准备

理解太阳视运动轨迹，要做好以下知识准备，如天球、观测者地平坐标、赤纬等。

天球：我们在观察日月星辰时，用肉眼并不能区分它们与我们之间距离的不同，而是觉得它们在同一个球面上。天球就是在天文学家想出的一个与地球同球心，并有相同的自转轴，半径无限大的球。天空中所有的天体都可以投影在天球上。

我们可以通过地球来类比天球。地球有南北极，天球也有南北极。将地轴无限延

伸，与天球的交点就是天球的南北极，我们称为"北天极"和"南天极"。将地球赤道平面往外无限拓展，与天球的交界线我们称为"天赤道"。同样，对于天体的位置，我们也可以用经纬度表示。天球上的纬度叫作赤纬，赤纬从0°到±90°计量，赤道以北为正，以南为负。

黄道：地球绕太阳公转，但如果以地球为中心，感觉一年内太阳在天球上的位置不断变化，太阳在天球上的周年运动轨迹就是黄道。在一天内，随着地球的自转，太阳在天球上自东向西运行一周。

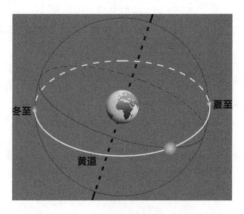

天球图

观测者地平面：观察者所在的地平面是该点的地球切面；赤道上观测者的地平面平行于地轴，观测者天顶的赤纬是0；天顶的赤纬等于当地纬度；相对于天球，地球无限小，观测者能看到地平面以上的半个天球。

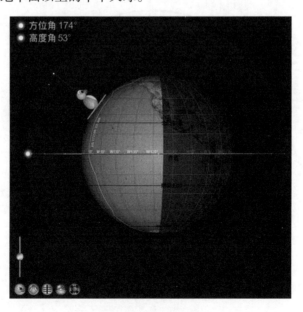

观测者视角观测地平面

从"上帝视角"看,二分二至日太阳在天球上的运行轨迹是确定的。

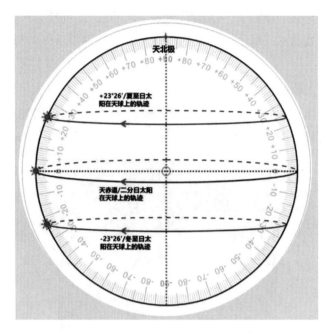

天球上二分二至日太阳周日视轨迹

但不同纬度地平坐标不同,所"看"到的太阳周日视轨迹有差异。赤道上的观测者只能看到地平面以上的太阳运动轨迹;使用此学具时,小人头顶应该朝向图中太阳所在的一侧,也就是朝向左侧。

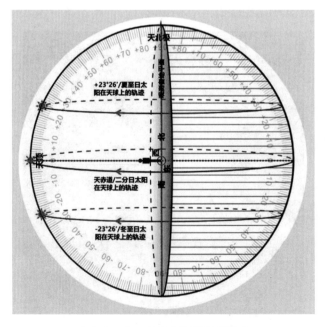

赤道上二分二至日太阳周日视轨迹

使用学具演示北回归线上的观测者看到的太阳视运动轨迹。

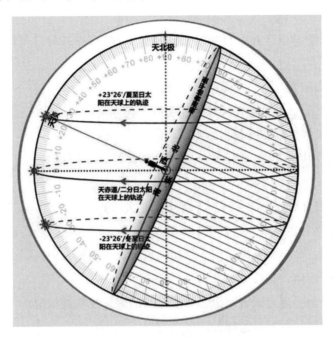

北回归线上二分二至日太阳周日视轨迹

使用学具演示北极点的观测者看到的太阳视运动轨迹。

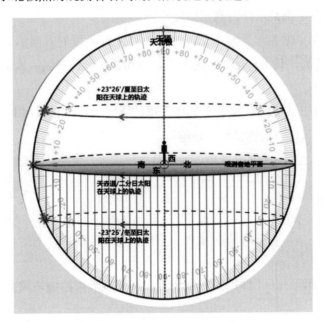

北极点二分二至日太阳周日视轨迹

从天球视角，运用学具探究太阳周日视运动的学习设计如下。

二、探究内容

（1）探究某地点不同节气的太阳周日视轨迹。

旋转地平面，使得该地天顶的赤纬等于当地纬度，观察二分二至日天球上的太阳运动轨迹，可以发现：

① 不同节气太阳周日视轨迹是平行的弧线。

② 二至日与二分日的轨迹在天球上相距一个黄赤交角。

③ 二分日时正午太阳高度与当地纬度互余。

④ 太阳直射纬度，正午太阳在天顶；太阳直射纬度以南地区，正午太阳在天顶以北。

⑤ 某地与太阳直射点对比，纬度差等于正午太阳高度差。

⑥ 如果该地位于北半球，则夏至日日出东北，然后向着接近天顶的方向运行，日落西北，昼长夜短；冬至日日出东南，然后向着远离天顶的方向运行，日落西南，昼短夜长；二分日东升西落，昼夜等长。

如果该地位于南半球，试着写出二分二至日的周日视轨迹情况。

如果该地在赤道，情况又怎样？

（2）探究某节气不同纬度的太阳周日视轨迹。

旋转地平面，分别模拟赤道、南北纬30°、60°情况，可以观察到：

① 二分日各纬度都是东升西落，昼夜等长。

② 夏至日，北半球各地日出东北，然后向着接近天顶的方向运行，日落西北，昼长夜短；且纬度越高，日出日落方位越偏北，昼越长；到极昼区，太阳在天空中的最低点，位于正北方向。

③ 南半球也是日出东北，但向着远离天顶的方向运行，日落西北，造成昼短夜长；且纬度越高，日出日落方位越偏北，昼越短。

冬至日，南、北半球的周日视轨迹情况是怎样的呢？同学们可以继续尝试用学具演示得出结论。

第六节 地图（GIS）绘制与运用

项目一 "地理眼"看世界——景观照片拍摄与解读

一、活动意义

《地理教育国际宪章2016》指出，地理可以成为一门见识广、有活力、有趣味的科目，并有助于人们终身欣赏和认识这个世界。本次活动旨在锻炼同学们用"地理眼"看世界的意识和能力，学习对生活有用的地理。

二、活动时间

2022年寒假期间。

三、活动要求

（1）提供5M以上的清晰照片一张，可以是自己或者亲友现在或以往拍摄的。提供Word文档说明拍摄人、时间、地点，解析照片中反映的地理现象和原理。最后形成文件包，以"班级+姓名+照片"主题命名，如：高一2班张三"阿尔泰山景观"。

（2）每人可以最多提交3份，地理课代表收齐，以班级为单位打包发送给本班地理老师。

四、评奖方法

学校组成评审小组，评选一、二、三等奖，在校园内集中展示并印制成书；为优胜者颁发证书和奖品；择机组织参加校内和校外的参观考察活动。

五、参考样例

阿尔泰山景观

拍摄人：×××。

时间：2018年8月。

地点：新疆阿尔泰山。

解读：阿尔泰山纬度高气候寒冷，在地质历史上的寒冷期，冰川地貌发育。图上有冰川侵蚀形成的冰川谷（"U"形谷）、冰斗和角峰等冰川地貌。由于水热条件的变化，垂直方向上出现草原、针叶林、高寒草甸、荒漠等自然带。

学生的参赛案例

项目二　手绘创意地图

一、活动目标

地图是地理学的第二语言，能形象、直观地表达地理事物的空间位置、分布格局及相互关系。随着信息化的不断发展，地图与日常生活的关系越来越密切，地图学习和应用对中学生形成良好的观察习惯、空间思维品质、地理实践能力、创新意识等具有重要意义。为了更好地普及地图知识、提升地理素养，培养自主探究能力和问题解决能力，学会运用图文结合的形象化、可视化表达方式，提升地理实践力和美学素养，激发地理学习热情，形成热爱生活、热爱家乡、热爱祖国、放眼世界的情怀，特举办中学生手绘创意地图大赛。

二、作品要求

（1）建议范围：以世界、中国或者苏州为范围，其他范围也可以。

（2）反映内容：不限，可以选择自己擅长或感兴趣的内容。

如珍稀动植物、民居、美食、风景名胜、戏曲、民风民俗、工农业生产、道路建设……

（3）作品形式：必须是手绘原创作品或者改编作品，不能抄袭，抄袭作品一经发现取消评奖资格。不能使用综合材料、照片、图片拼贴，不接受计算机打印形式，尺寸限于A4或A3的白色卡纸，作品为横向排版，不要出现明显折痕、污损，不符合规格尺寸的作品不能获奖。

（4）地图规范：确认图名、方向、图例等地图要素的规范性；作品的底图须符合国家测绘地理信息局审核过的标准地图，有明显错误的地图作品不能获奖。

（5）标注信息：作品正面标注地图主题，地图基本要素，正面不出现姓名、学校等个人信息；作品背面详细注明作者的个人简要信息（姓名、学校、班级、指导教师、资料来源、地图简要说明）。

三、奖项设置

学校将按照作品数量10%~30%（根据整体质量确定最终比例）设置奖项等第，根据作品质量可按实际需要另设最佳创意奖、艺术奖、实践奖、科学奖、优秀奖等奖项。

项目三 运用GIS，探究学习天气系统

全球气象平台（https://www.ventusky.com/），是一款功能强大的气象信息系统。无需安装，在手机、平板电脑、计算机上都可以直接打开网页。该系统能提供真实定量的气象数据，如全球各地气压、风速风向、气温、降水，以及云层、积雪、太阳辐射和大气污染指数等。而且把气象数据用不同色彩、不同浓淡的色块，不同粗细和运动速度的线条，进行可视化表达，可以根据需要调用不同图层。支持查询过往资料，能预测未来一周的天气变化趋势。使用播放功能，能展现某时段的连续动态变化。

一、基于"全球气象平台"的冷锋探究学习设计

以当地近期经历的一次冷锋过境为例，或以过往某次较强冷锋为例（如2023年11月5日），学生小组合作，利用平板电脑、手机或计算机进行探究学习。

（1）在系统中选择时间为2023年11月5日，显示气温图层，在图中找出冷暖气团，读出冷暖气团控制下的不同城市的气温；切换为气压图层，读出冷暖气团控制下的不同城市的气压。

（2）使用连续播放功能，观察接下来一段时间冷暖气团位置的变化。

（3）在系统中显示"锋"的符号，观察锋的位置和移动，说明我们为何把它称为冷锋。

（4）显示降水图层，观察降水发生在锋的什么位置。用图文解释该现象。

（5）用连续播放的方式，演示苏州在冷锋过境前、过境时、过境后的天气状况，

并列表归纳。

二、基于"全球气象平台"的气旋探究学习设计

以近期的某次台风活动为例,或以过往某次较强台风为例(如 2022 年 9 月 12 日台风梅花),学生小组合作,利用平板电脑、手机或者计算机,探究学习气旋、反气旋。

(1)日期调整为 2022 年 9 月 12 日,显示气压图层,寻找、描述台风位置。

(2)观察台风的气压结构,说出台风周围不同地点的风向,并尝试解释。

(3)在图中找出南半球的气旋,比较南北半球气旋的气流方向。

(4)显示云量、降水量图层,观察气旋附近的降水分布,尝试解释原因。

(5)把时间调整到台风生成时的 9 月 9 日,使用播放功能,演示台风发展、移动和消亡的过程,说出台风强弱、位置的变化。

(6)分析台风登陆造成的影响,提出防范台风的措施。

(7)寻找南、北半球的反气旋,比较气压结构、气流方向、天气状况。

第七节 角色扮演

活动一 辩论赛——胡焕庸线未来是否会被突破?

一、辩论主题:胡焕庸线未来是否会被突破?

正方观点:胡焕庸线未来会被突破;反方观点:胡焕庸线未来不会被突破。

二、分组与辩手产生

按照座位,教室分成南北两侧,南侧同学为正方,北侧同学为反方,各方自愿报名或者推选出 3 位辩手。

三、辩论赛程序

(1)立论。

正反方一辩阐明本方观点,用时不超过一分半钟。

(2)质辩。

双方二辩相互质疑,用时 5 分钟。

(3)自由辩。

双方辩手和观众自由参与,用时 10 分钟。

(4)结辩。

双方三辩总结陈词,用时不超过一分半钟。

四、总结

观众和辩手谈感受,教师总结点评。

附：辩论赛过程记录

不曾停止思考，从未怯于表达
——记高一17班地理辩论活动

2024年2月27日晨，一场关于"胡焕庸线未来是否会被突破"的地理学科辩论拉开帷幕。姚子萱同学主持本次辩论。

立论环节，正方一辩马悦纯稳扎稳打，从近些年西北气候暖湿化、国家西部大开发政策、西北文旅的快速发展，条理清晰地阐述促使胡焕庸线变动的原因。反方一辩刘浩博则从西部地区不利的气候、地形、土壤等自然条件，以及经济、教育、医疗等社会经济发展的不足之处，分析了胡焕庸线不会变动的理由。

质辩环节，正方二辩张苏城、反方二辩陈瑞发挥临场反应能力，见微知著，寻找对方陈述中可以推敲反驳之处，精准发问并补充己方观点。针锋相对的交锋不时激起场下观众阵阵掌声。

在自由辩环节，台下的观众们也踊跃参与。浦金悦和张正洋等同学都贡献了精彩的发言。大家在思维碰撞中燃起刨根究底的激情，共同投入深入的思考中。

结辩阶段，正方三辩奚姜敏及反方三辩姜雪就本组的观点进行了汇总和补充，圆满地为本次辩论交流活动画上句号。

求真而非求胜。辩论的重点并不在于一较高下，而是在思辨过程中发现事物的多种可能性，用全面、变化、综合的眼光看待世界。将辩论融进地理学习中，有利于用地理的视角去解构那些我们曾经说不清道不明的专业概念，用地理的知识去重释我们熟知的世界。

"行者有界，思者无疆。"本次辩论赛，不仅锻炼了同学们的辩论能力和合作能力，还提升了同学们的地理素养，激励大家在今后的漫漫学习路上开动脑筋、敢疑善疑，坐地观山河，以理释万物。

报道文稿：洪智贤、汪启航

活动二 角色扮演——产业转移对区域发展的影响

一、研读相关资料

资料一：从"昆山制造"到"昆山创造"与"昆山服务"

电子信息产业是昆山经济技术开发区一块响当当的"金字招牌"，在外界眼中风光无限：300多家IT企业落户区内，总投资超过40亿美元，形成配套功能较为完善的产业集群。

但对开发区人来说，这些大头产业只集中在了零部件生产或整机加工，真正的核心部件生产则并没有涉及；区内企业就像"高级技术代工"，生产出成品，却没有拥有计算机芯片、液晶显示面板生产技术、软件设计知识产权等最重要的部分。

2004年，昆山开发区开始规划建设光电产业园，成立于2005年的龙腾光电成为其中的龙头企业，主要从事研发、设计、生产、销售第五代薄膜液晶显示面板，还成立江苏省（龙腾）平板显示技术研究院专门进行新产品的研发。

资料二："产业微笑曲线"表明：在产业链中，附加值更多聚集在两端（设计和营销），处于中间环节的加工制造附加值最低。

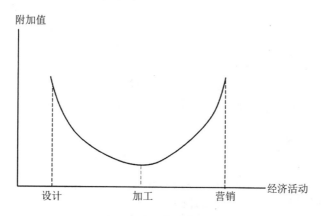

产品生产环节的价值链

资料三：苏旺你公司是一家生产劳保用手套的日资公司，是1984年昆山引进的第一家外商独资企业。2006年，昆山中国苏旺你有限公司谋划了第二次搬迁。这一次它搬到了苏北，把昆山作为中国区总部，负责研发等工作，而把劳动密集的加工环节转移出去。

与它有着同样情形的还有25家劳动密集型的外资企业。从2004年年底开始，备受土地紧张、能源短缺困扰的昆山市由政府出资实施"腾笼换鸟"计划，陆续搬迁改造资源消耗型工业企业，腾出土地用来发展高科技、高效益、低污染的产业。

资料四：

表4-15 昆山向苏北地区产业转移部分推介项目（2006年11月）

企业名称	属地	项目名称	投资额/万元
尚志造漆（昆山）有限公司	昆山	漆制造项目	2000
昆山城东化工有限公司	昆山	化工项目	3000
昆山金纺印染助剂有限公司	昆山	印染助剂项目	3000
昆山市凡人玩具有限公司	昆山	布绒玩具项目	1500
昆山珍兴鞋业有限公司	昆山	鞋业生产项目	2000

二、角色扮演，各抒己见

全班分为 7 个小组，每组推选一位组长和一位发言人。

角色分配：① 徐州市招商局局长（宣传本地优势）；② 迁移企业董事长（说说愿意迁移的原因）；③ 昆山市市长（对迁移企业说几句心里话）；④ 徐州市环保局局长（说说今后工作重点）；⑤ 徐州市外出农民工（说说以后打工计划）；⑥ 江苏省省长（从全省的视角对苏南到苏北的产业转移说说看法）；⑦ 评价组（对各组发言简要评价）。

三、教师点评，归纳总结

总结产业转移对区域发展的影响。

活动三 设计火星基地

假如你担任火星基地总设计师，设计适宜人类生产生活的基地。

（1）对于人类生存发展，火星上有哪些不利条件？

（2）小组合作，设计火星基地，绘制设计图纸。提示：考虑人类生产生活的多方面影响因素，如能源获取、粮食生产、合适气温、安全保障等。

（3）向同学们展示、解释你的设计图。

活动四 模拟天气播报

利用地理信息系统"风雨图"（www.ventusky.com），选择合适的时间和地点，以及合适的模式，形象演示冷锋过境前后、台风登陆前后的天气变化，并进行天气预报。注意使用地理术语，揭示大气运动规律，突出天气对人类生产生活的影响。

第八节 跨学科主题学习

项目一 江南文明源，探路草鞋山
——草鞋山研学考察

一、研学背景及目的

作为江南史前文化的中心聚落，草鞋山遗址保存有长江下游史前文化完整的发展序列，被称为"江南史前文化标尺""世界稻作文化的原乡"，再现长江下游史前人类的发展史，彰显 6000 多年前江南人的农耕智慧，为研究太湖地区、长江下游的古代文化提供了典型地层与文化遗物，揭示苏州的发展历史。

本次研学旨在通过对草鞋山遗址公园的参观与探研，探究新石器时代江南地区的文明传承与稻作文化起源，培养学生历史、地理等学科素养，锻炼学生收集获取资料、提取整合信息的能力，提升学生问题探究、团队协作、实践操作能力，在绘图、手工等活动中，提高学生的表达能力，引导学生独立思考、提出疑问，激发创新能力，促进综合素养水平的提升。在对苏州新石器时代的寻根溯源中,学生能够涵养唯物史观,唤起家国情怀,增强民族自信和文化自信。寻根草鞋山,体会农耕文化魅力,提升审美情趣,树立人地协调观念。

二、活动程序

此次研学活动面向高一学生,学生自愿报名。

报名完成后,由3~5人组成小组,选出组长,通过现场参观、实践操作和后期资料搜集整理,完成研学任务。鼓励自主生成,采用观察、记录、绘图、采集、求证多种形式。每组需采用PPT或手绘或短视频等形式进行汇报,要求图文并茂,排版美观,反映出实地参观学习和思考探究的过程。后期择机进行小组汇报工作,表现优异者进行全校新生展示汇报。报告内容包括自选主题研究背景、研学问题、现场考察、资料查找、思考与讨论、结论、总结与反思等。

注意事项:参与学生须带好纸、笔、本子、手机等学习工具。全程注意安全,小组统一行动、注重合作。

三、研学任务

基于前期调查,提出下列研学问题,学生根据自选主题,回答包括但不限于以下问题。

(1)草鞋山遗址保存有长江下游史前文化完整的发展序列,分别是马家浜文化、崧泽文化、良渚文化,被称为"江南史前文化标尺"。观察、手绘各文化层结构及其典型器物,思考为何会形成厚达10多米的文化层。

(2)良渚文化最有代表性的器物是玉器,玉器有哪些类型?分别有何功能?了解良渚玉器的原料、加工、图案特点等;良渚玉器是怎样远走至三星堆、金沙遗址、安阳殷墟的?它的传播路线如何?影响范围有多大?玉器在中华文化中有何意蕴?

(3)草鞋山作为江南史前文化的中心聚落,有长达数千年的发展历史。这里有何优越的条件能成为古文化源头?当时的人们生产生活和社会组织是怎样的?后来为何突然消失了?

(4)草鞋山是良渚文化的代表之一,存在于4000~6000年前,思考良渚文化是否称得上文明。试从草鞋山考古实物里寻找私有制和阶级分化的表现,进一步探究良渚文化是否具备国家形态,并寻找其他证据。

(5)草鞋山遗址是中国目前最早发现有人工灌溉系统的古水稻田,是稻作文化起源的直接例证,也为今天苏州的"蘇"做了很好的注脚。此外,南宋时期范成大的"苏湖熟、天下足"及明清时期苏州改稻为桑棉后涌现的一批粮食中转中心。由此我们可以梳理苏州稻作文化发展的历史,探究其兴盛的自然条件,思考其转型的历史原因。

四、研学评价

根据表4-16,完成评价和总结。

表 4-16 草鞋山遗址公园研学评价表

组号:					总分:	
评价环节	评价内容	评价指标	分数	互评	师评	均分
前期准备	信息搜集	·能自主搜集、整理、筛选关于草鞋山遗址的文献资料,对此有初步认知 ·能概述草鞋山遗址的背景简介	10			
	思考提问	·能基于对草鞋山遗址的初步认知,列举几条自己的兴趣点或疑问点	10			
	研学能力	·能运用各学科知识,较好地完成研学任务单的问题探究 ·能合理利用工具完成研学探究	20			
中期实践	创新思维	·能在拓展环节提出创新性问题,并努力求证	10			
	合作探究	·组内讨论积极,成员参与度高,分工明确,协作度高	10			
	遵守纪律	·能听从安排,不迟到早退,能集体行动 ·在公共场合注意礼节,不大声喧哗、不扔垃圾 ·有较强的安全意识,保护人身安全,看护财物	10			
后期成果	研学报告	·能选择一个主题生成研学报告,行文生动,具有较好的宣传科普意义	10			
	多样作品	·除文字形式外,能有其他作品形式,如绘画、剪纸、手工制品等	10			
	多媒体	·利用多媒体,如短视频、PPT、微信公众号推文等不同途径展现研学成果	10			

项目二 古诗词中的月相分析

一、学习目标

(1) 运用图表、月相变化学具,演示实验,理解月相变化原理。

(2) 借助"月相变化和升落规律演示学具",能分析不同月相在一天中不同时刻的位置。

(3) 能根据古诗中的月相位置、时刻信息,推断出写作日期和相应的月相。

二、学习过程

(一)月相的形成与变化

(1) 借助月相形成示意图,初步了解月相变化原理。

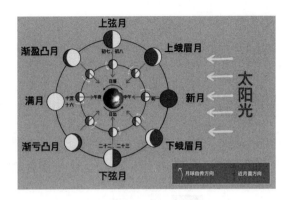

月相形成示意图

（2）借助演示实验、月相学具，理解月相变化规律。

① 演示实验：观察者位于圆心，另一个人手持半个涂黑的球代表月亮，保持太阳光照亮的白色半球始终朝着一个方向，绕着观察者运动一周，观察者看到的月球明亮面的大小和形状就不同，形成了不同的月相。

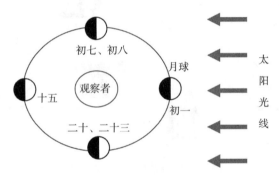

观察者角度观测月相

② 月相变化演示学具。

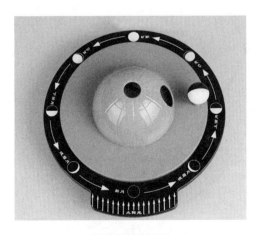

月相变化演示仪

（二）月相在一天中不同时刻的位置

（1）借助"月相变化和升落规律演示学具"，理解不同月相在一天中不同时刻的位置。

该学具上片是月相形成示意图，印制在透明片上。下片为观察者地平圈示意图，以北极点为中心，观察者位于赤道上。观察者的地平线就是地球在该地的切线。顺着地球自转的方向为东，另一侧为西。上片为透明片，叠加在下片上，圆心处有铆钉固定，旋转下片让观察者随着地球自转，可以演示不同月相一天中不同时刻在天空中的位置。

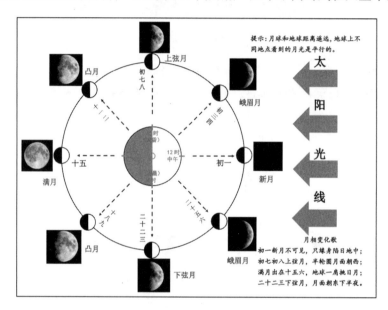

月相变化和升落规律演示学具上片

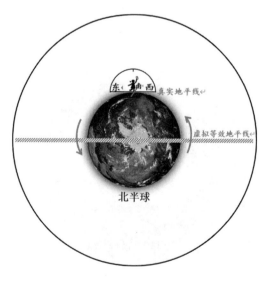

月相的变化和升落规律演示学具下片

（2）上半月每天傍晚6点左右，下半月每天早晨6点左右，连续观察月亮，并绘图记录位置、形状、农历日期；把因为阴雨天气没有观察到的月相，也根据规律补充完整。

（三）根据古诗中的月相位置、时刻信息，推断出古诗写作日期和相应的月相

枫桥夜泊
张继
月落乌啼霜满天，江枫渔火对愁眠。
姑苏城外寒山寺，夜半钟声到客船。

卜算子·黄州定慧院寓居作
苏轼
缺月挂疏桐，漏断人初静。时见幽人独往来，缥缈孤鸿影。
惊起却回头，有恨无人省。拣尽寒枝不肯栖，寂寞沙洲冷。

鸟鸣涧
王维
人闲桂花落，夜静春山空。
月出惊山鸟，时鸣春涧中。

项目三　园区蝉种及环境要素调查

一、案例简述

通过地理、生物学、物理等跨学科融合理论实践教学，利用手机实时定位记录、AI物种鉴别等信息化手段，以苏州工业园区野外蝉种调查为切入点，引导学生探索生活中各自然环境要素之间的交互关系与人地关系，锻炼学生发现、解决问题的能力，增强乡土环境认知，树立人地协调观念，为生态文明建设献力。

二、教材和相关资料

人教版地理必修第一册第五章《植被与土壤》、人教版地理选择性必修1自然地理基础第五章《自然环境的整体性》、人教版生物学选择性必修2《生物与环境》、《中国动物志》、《中国植物志》、《中国昆虫图鉴》、专业论文等。

三、学科核心素养

地理：区域认知、综合思维、人地协调观、地理实践力。
生物学：生命观念、科学思维、科学探究、社会责任。

四、大概念

自然环境的整体性、生态系统、环境认知、人地关系。

五、教学目标

（1）通过蝉种及环境要素调查，培养物种鉴别与环境整体认知等自然科学实践能力并掌握其方法。

（2）通过生物标本采集与制作，锻炼动手能力与科学研究技能，感受生活中各种生命的美妙和可贵之处。

（3）通过小组合作完成数据采集、分析与课题研究，锻炼主动发现问题并合作解决问题的能力，培养科学创新精神。

（4）通过蝉与自然和人类社会要素之间的关系探讨，树立人地协调观念，发展对自然的关爱和对社会、对自我的环境责任感。

（5）通过实地探访家乡苏州的自然人文环境，增强乡土地理认知，更加了解家乡、热爱家乡。

六、成果形式

研学报告、问题回答、昆虫和植物标本。

七、评价方式

综合采用教师评价、生生互评、学生自评三角度评价。

（1）研学报告。

以小组为单位进行研学报告展示（对研究方法、数据分析、结论予以展示），评价者从科学性、创新性、准确性、充实性、美观性等维度进行综合评定打分，量化评价。

（2）问题回答。

对课程中出现的一些如蝉种类鉴别、研究方法等基础理论性问题进行纸笔测试。可以以选择题、判断题、绘图题、简答题等方法结合呈现，进行主观与客观题目相结合的问答评价测试。

（3）昆虫和植物标本。

对学生制作完成的植物和昆虫标本，从标本制作的科学性、代表性、美观性等维度，以及采集过程中是否尊重生命、保护生态等方面进行表现性评价。

八、教学过程

（一）所需资源

昆虫和植物标本制作的相关配套材料，配有 AI 物种鉴别、地图、计时、天气、摄影、录音、录像等功能的手机。

（二）课例引入（1课时）

【场景一（教室外）】

在校园不同位置听蝉鸣，寻蝉踪，查树种，引导学生提出与实践活动相关的问题。

潜在目标问题：

（1）听到几种蝉鸣？各有何特色？（融入物理学"声音的三要素"）

（2）不同的蝉鸣有何表征？

（3）能否找到蝉？它们在哪？

（4）蝉所栖息的树种有哪些？

【场景二（教室内）】

在教室内基于室外提出的问题，继续整合和深化问题。让学生进一步思考：在听音、观察提出疑问的基础之上，还能够再提出哪些科学的问题？

潜在目标问题：

（1）我们日常生活中能见到哪几种蝉？可以通过哪些方式进行区分鉴别？

（2）不同蝉种的栖息场地有何异同？为什么？

（3）不同季节、不同时段，苏州工业园区蝉种的构成是否有变化？

（4）不同蝉种的栖息地和出现时间受哪些自然环境和人类活动因素影响？

罗列问题后，组织学生进行小组合作分工，从上述问题中选出最感兴趣的进行分组讨论，自拟相关课题。

（三）基础理论教学与方案设计（1课时）

教师通过提供科普图鉴、标本、专业论文等资料，引导学生根据自拟主题，自主合作探究，在实际调查前，做出假设，并简答上述目标问题并设计调查方案。

教师对问题不做完整回答，仅教授常见蝉种和树种的鉴别方法以及研究思路，可先展示教师所制标本，讲解制作方法，提出制作要求。

在此基础之上，让学生课题小组自行讨论设计方案，针对自己的研究方向进行思考探索，自制调查量表和研究工具等。

教师制常见昆虫标本及物种鉴别教具

在学生设计时，可建议参考高中地理与生物学教材的教学活动设计，如人教版地理必修第一册第五章植被教学活动中《校园树木登记表》等。

（四）田野调查（3课时）

根据不同小组的选题，利用假期时间（以暑假为主），组织不同时段、区域的调查，可酌情考虑校内及校外野外实践考察地点，其间严格注意学生实践安全。调查时，需应用数字技术，使用手机进行物种鉴别、地图、计时、天气、摄影、录音、录像等，采集昆虫与植物标本进行物种鉴定（亦可采集蝉蜕、落叶等生物残体）与样品留存，亦鼓励学生采用手绘、纸笔等方式记录环境要素。

调查时注重引导学生关注时间变化和空间变化以及自然人文要素的交互关系。

基于学生实况，已设置可行性较高的调查地点，校内外兼而有之，参见下图。

苏州工业园区蝉种及环境要素调查示意图

基于已有的学生实践成果，设计调查表，见表4-17。

表 4-17　蝉种及环境要素调查实践课程采样调查表

气象要素	温度	湿度	天气状况	近期天气变化		
人类活动	是否在路边	道路状况	是否有除虫除草	其他活动干扰		
自然要素	蝉种	栖息树种	土壤状况	一棵树上蝉的数量	分布高度	其他

（五）数据分析与总结报告（2 课时）

学生完成蝉种和周边环境要素调查之后，小组分工整理数据并予以汇总，依据自选主题完成报告。进行教师评价、生生互评、学生自评 3 项综合评价。最终依据得分组织评奖评优，予以鼓励。

项目四　取流践理，酌水知源
——水务公司研学考察

一、研学目标

水在自然界中循环着，也在我们生活的方方面面中流动着。无论是哪门学科，对水都有不少认知和实践要求。水务公司实验课程是一次校社合融共育支持下的学科融合性研学，涉及物理、化学、生物、地理等多门学科背景知识与实验操作。

本次研学旨在通过水务公司的参观与实验课程，配合学生亲身在校在家的实验操作等方式，培养学生的科技实践能力，并深化课本知识的科学性、生活化理解，促进综合素养水平的提升。

二、活动时间

2022 年 7 月。

三、活动地点

苏州工业园区清源华衍水务有限公司（苏州市吴中区苏州工业园区星港街 33 号）、西安交通大学苏州附属中学方洲路校区（苏州工业园区方洲路 598 号）。

四、实施方式

此次研学活动面向所有在校学生，以化学、物理、生物、地理选科方向的同学为宜，有意参与者自愿报名。

报名完成后，由 5~6 人组成小组，选出组长，通过现场参观、实验和后期资料查找，完成研学任务；制作 PPT 进行汇报，要求图文并茂，排版美观，反映出实地考察和思考探究的过程。将于 2022 年 7 月下旬在腾讯会议进行小组汇报工作。表现优异者进行全校新生展示汇报。学校将组织评奖评优，设最佳小组一组，优秀小组若干；最佳研学学员 3 名，优秀学员若干。

报告内容包括自选主题研究背景、研学问题、现场考察、资料查找与数据分析、思考与讨论、结论、反思与总结等。

注意事项：参与学生需带好纸、笔、本子、手机等学习工具。其间有户外研学，需备好防暑、驱蚊用品和雨具等。全程注意安全，小组统一行动、注重合作。

五、研学问题及主题

基于前期调查提出下列研学问题，学生根据自选主题，回答包括但不限于以下的问题。

(1) 自来水来自哪里？苏州各区的自来水分别具体来自什么地方？水务公司有哪些布局特点？

(2) 苏州水源地有哪些？是如何分布的？这些水源地的环境有何异同？

(3) 自来水是如何处理的？有哪些流程？每个流程的具体作用是什么？

(4) 常见的水质指标（监测项目）有哪几项？涉及哪些国家标准？

(5) 各项水质指标是如何检测的？对样品有哪些需求？

(6) 我们日常生活用水的水质如何？

(7) 我们家中是否需要安装净水器？使用净水器会带来哪些影响？、

(8) 家中自来水的水质与家距离自来水公司的远近有关吗？若有，请设计方案并实验验证。

依据组员在物理、化学、生物、地理等学科方面的优势，每个小组可结合相关学科自选主题，并设计相关研学问题代码（表4-18）。

表4-18 水务公司研学主题候选表（可自拟）

学科	主题	要求	问题代码
地理、生物	苏州工业园区水源地、水务公司分布特征研究	利用百度地图等APP，使用遥感影像和地理信息系统等手段，结合实地样点考察，研究苏州工业园区水源地、水务公司的分布特征	1、2
物理、化学	自来水处理流程探究	通过实地参观考察、总结自来水厂各个处理环节的特征	3
物理、化学	自来水沉淀样式比较	通过实地考察和资料查询，比较不同沉淀池的主要功能	3
生物、化学	××××水质分析报告	通过实验实践和资料查询，对某水质样品进行测定，撰写分析报告	4、5、6、7
地理	自来水水质和取水点与自来水公司距离的关系研究	利用校内外实验设备条件，设计方案并实验验证	7、8

项目五 千年丝路研学之旅

一、研学选题

根据表4-19，确定研学主题。

表 4-19 千年丝路研学主题候选表（可自拟）

地点	主题	要求
全程	逐日月之光者：天象气象记录	结合实地摄影，使用软件记录研学期间日月升落时间、方位等数据，记录行程的气象变化，发现并总结规律，并做汇报
全程	观景求真景观记录	结合实地摄影、绘图等手段，记录行程期间的自然人文景观变化并尝试解释此变化的原因，并做汇报
全程	西北地区古城墙比较研究	通过资料和实测数量比较不同地区的古城墙特征和用途，体现不同空间尺度下的人文建筑差异，并做汇报
西安	西安一座城	分别绘制长安古城与现代西安的城市空间格局简图，并说明变化的原因
西安	陕西年代尺	选择 3~5 个专题，用年代尺的形式展现西安或西安的历史变迁，并做汇报
西安	秦始皇兵马俑的故事	完成秦始皇兵马俑博物馆的相关问题与任务，可拓展，并做汇报
中国工农红军西路军纪念馆	我的红色长征魂	基于实地参观及资料收集，展示西路红军的长征路线与光荣事迹，同时结合实际生活，分享学习并践行"长征精神"的实例与做法，并做汇报
酒泉卫星发射中心	卫星发射中心的区位条件分析	基于酒泉卫星发射中心的选址，分析中国其他卫星发射中心的区位条件，推测未来的潜在选址，并做汇报
鸣沙山-月牙泉	鸣沙月牙记	完成鸣沙山-月牙泉的相关问题与任务，可拓展，并做汇报
敦煌、莫高窟	人文与自然的印记	完成敦煌、莫高窟的相关问题与任务，可拓展，并做汇报

二、行程安排

（1）西安交通大学。

【丝路小问】

西安交通大学有哪些"王牌专业"？

西安交通大学有哪些杰出校友？

我未来的大学在哪儿？我将如何迈向它？

【丝路任务】

说说西安交通大学的"前世今生"。

规划一条西安交通大学校内游览路线图。

（2）西安。

【丝路小问】

从地理和历史的视角思考，为何西安能成为陕西省省会、首批国家历史文化名城？

从古至今,西安的城市空间形态和格局发生了哪些变化?

西安有鼓楼与钟楼,现在许多城市中也存在钟楼区、鼓楼区,为什么会这样命名?

【丝路任务】

分别绘制长安古城与现代西安的城市空间格局简图,标明城墙形态和重要地点。

从上海到西安,在飞机上观察途中的景观变化,感受下飞机时的体感变化。

(3) 陕西历史博物馆。

【丝路小问】

博物馆建筑体现了哪些文化特色?

陕西境内发生过哪些重大历史事件?

【丝路任务】

选择某一专题,用年代尺的形式展现西安的历史变迁。

(4) 秦始皇兵马俑博物馆。

【丝路小问】

目前已探明和出土的兵马俑规模到底有多大?

兵马俑坑的选址有何考量?

兵马俑的原材料有哪些?哪些生物作用和化学反应会严重影响兵马俑的保存?

【丝路任务】

说说兵马俑的制作的工艺流程。尝试自己制作一个微型俑。

(5) 西安明城墙。

【丝路小问】

西安明城墙的历史有多久远?和苏州的古城墙比较呢?

从用途、选材、建筑特色、布局等方面比较,西安与苏州古城墙有何异同?

【丝路任务】

使用卷尺、遥感地图、手机 APP 等测量工具,选择某一段城墙,丈量砖瓦大小、城墙高度和长度等数据,并比较与苏州古城墙的异同。

(6) 中国工农红军西路军纪念馆。

【丝路小问】

从自然与人文两个角度思考,中国工农红军西路军在长征中克服了哪些艰难险阻?

在日常的生活中,我们该如何学习并践行长征精神?

【丝路任务】

向家人或好友讲述中国工农红军西路军的光荣事迹,培养并传播红色基因。

(7) 酒泉卫星发射中心。

【丝路小问】

"航空"与"航天"是如何界定的?有何区别?

人造天体的发射进入太空，需要满足哪些条件？

酒泉卫星发射中心为何选址在此？

中国还有哪些卫星发射中心？它们的区位因素有何异同？

【丝路任务】

分析酒泉卫星发射中心的区位条件。

用年代尺与绘图的形式，展现我国的航天事业的进步历程。

（8）嘉峪关、玉门关、阳关、汉长城。

【丝路小问】

嘉峪关城楼为何能称为"天下第一雄关"？

为何"春风不度玉门关"？又为何"西出阳关无故人"？

从用途、选材、建筑特色、布局等方面比较，这4处城墙与西安城墙有何异同？

从西安一路驶来，沿线的景观有何变化？有哪些壮丽的景色？体感有无明显变化？

【丝路任务】

选择合适比例尺及要素的专题地图，在地图上标注各个关卡的位置。

使用卷尺、遥感地图、手机APP等测量工具，选择某一段城墙，丈量砖瓦大小、城墙高度和长度等数据，并比较各个关卡城墙形态的异同并分析形成差异的原因。

查询明长城资料，从多方面比较明、汉长城之间的异同。

（9）敦煌古城。

【丝路小问】

何为"敦煌"？有哪些自然与文化特征？

为什么要复原敦煌古城？

【丝路任务】

考察敦煌古城的自然地理环境特征。

调查敦煌古城内的服务业布局与结构情况。

（10）鸣沙山-月牙泉。

【丝路小问】

鸣沙山为何而鸣？月牙泉是泉吗？

月牙泉是如何形成的？未来的月牙泉何去何从？

【丝路任务】

绘制鸣沙山景观图、俯视图及剖面图，并标注重要地理要素。

制订月牙泉保护计划。

（11）莫高窟。

【丝路小问】

洞窟为什么开凿在大泉河西岸崖壁？

与下层洞窟相比,对上层洞窟内壁画的破坏影响更大的因素是什么?

莫高窟千年未被沙丘掩盖的主要原因是什么?

【丝路任务】

手绘莫高窟的一款经典纹样,并讲述莫高窟壁画上的一个故事。

分析当前敦煌莫高窟面临的挑战,制订莫高窟保护计划。

第九节 地理实践活动部分成果展示

成果一 "古诗词中的月相分析"研究报告

月亮是夜空中最明亮的天体,月亮有规律地升落,为人们计时和制定历法提供依据。月相也是诗词中常见的意象,古往今来,人们常常用月亮来寄托自己的情感。我们研究性学习的目标是通过探究月相的变化和月亮的升落规律,解读古诗词中月相发生的时刻和农历的日期。

一、月相的变化原理

太阳光照射在月球表面,只有半个月球是明亮的,有可能被看到,另外半月亮是暗的。月球绕地球公转,位置不断发生变化,月球与地球的相对位置不同,地球上观察到月球明亮面的大小和形状不同,1个农历月中就形成了不同的月相。其原理如下图所示。

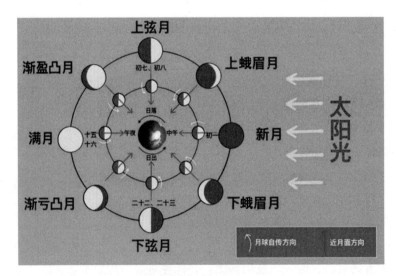

月相变化示意图

通过一个演示活动,可以更直观地体验到月相的变化。观察者位于圆心,另一个人手持涂黑一半的球代表月亮,保持太阳光照亮的白色半球始终朝着一个方向,绕着观察者运动一周,观察者看到的月球明亮面的大小和形状就不同,形成了不同的月相。

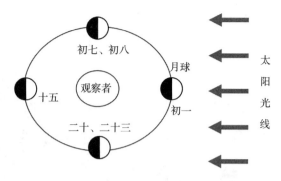

观察者角度观测月相

二、月亮的升落规律

要理解某天月亮的升落规律，首先，要明白我们所用的地方时是以太阳的位置而确定的；其次，把握当天月亮-地球连线和太阳-地球连线的夹角。农历上半月如果每天傍晚（地方时18点左右）定时观察，不同日期的月亮位置和形状如下图所示。

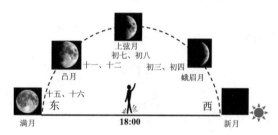

农历上半月月相观测示意图

下半月如果每天早晨（地方时6点左右）定时观察，不同日期的月亮位置和形状如下图所示。

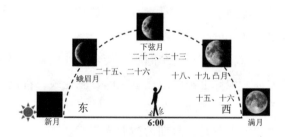

农历下半月月相观测示意图

使用"月相变化和升落规律演示学具"，可以很好地模拟月亮升落规律。该学具上片是月相形成示意图，印制在透明片上。下片为观察者地平圈示意图，以北极点为中心，观察者位于赤道上。观察者的地平线就是地球在该地的切线。顺着地球自转的方向为东，另一侧为西。上片为透明片，叠加在下片上，圆心处有铆钉固定，旋转下片让观察者随着地球自转，可以演示不同月相同一天中不同时刻在天空中的位置。

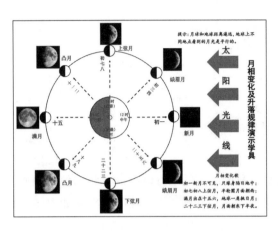

月相变化和升落规律演示学具上片　　　　月相变化和升落规律演示学具下片

三、古诗词中的月相分析

枫桥夜泊

张　继

月落乌啼霜满天，江枫渔火对愁眠。
姑苏城外寒山寺，夜半钟声到客船。

张继的《枫桥夜泊》一诗，精确而细腻地描述了一个客船夜泊者对江南深秋夜景的观察和感受，勾画了月落乌啼、霜天寒夜、江枫渔火、孤舟客子等景象，有景有情，有声有色。而诗中的"月落"与"夜半"二词，点出了创作的时间。那么，我们如何通过这一线索，来推出张继写诗时的日期呢？

利用学具，我们便可以轻松解决这个问题。旋转下片使得观察者到达24点的位置。由于月球与地球距离太远，地球上不同地点看到的月亮光线，都是平行的。所以从学具中看出此时上弦月位于观察者西侧地平线。

由此可得，当日月相为上弦月，日期为初七或初八。

卜算子·黄州定慧院寓居作

苏轼

缺月挂疏桐，漏断人初静。时见幽人独往来，缥缈孤鸿影。
惊起却回头，有恨无人省。拣尽寒枝不肯栖，寂寞沙洲冷。

"缺月挂疏桐，漏断人初静。"可见热闹的一天刚刚安静下来，人们都将进入睡眠。古时没有电灯，夜晚十分黑暗，人们都睡得比较早。所以时间应该在21～22点。作者经过梧桐树边，发现月亮正挂在枝头，因为是"缺月"，所以排除圆满月。22 点左右，月亮刚刚升起，若向西看，月亮刚过地平线，所以大约是初四、初五；若向东看，时间大约为十八、十九。

综上，时间大约在初四、初五或者十八、十九。

鸟鸣涧
王维
人闲桂花落，夜静春山空。
月出惊山鸟，时鸣春涧中。

这是一首非常短小的五言绝句，但是读下来，这二十个字给人展现了一幅非常美的画面。不过若是想要从诗句中推敲出写作时间，对于大家来说并不是一件易事。

"人闲桂花落，夜静春山空"一句点明季节为春天，只是桂花多在秋季开，诗人又怎会在春季看到桂花落？上文中提到桂花多在秋天开，"多"字告诉了我们答案，南方苏浙一带有一种名为四季桂的桂花，月月都开，因此，作者写此诗的季节可以确定了。"夜静"则告诉我们此时接近午夜。"月出惊山鸟，时鸣春涧中"一句提示接近午夜，月亮刚刚升起，时间为十八、十九至二十二、二十三之间。

（研究者：张天宇、赵梓旭、陈冠桦等）

成果二　古代苏州研学手记——揭秘草鞋山考古遗址

小暑时节，烟雨霏霏，片片水稻田焕发生机，稻穗翘角，抽出碧绿的嫩芽，清风徐来，水塘沟渠掀起历史的涟漪。久居城市的我们，利用研学活动的机会，循着先民的足迹，走进了位于阳澄湖畔的苏州草鞋山遗址公园。

先民们如何生活？他们如何使用工具？稻作文化的源头是江南地区吗？带着这些疑问，我们深入草鞋山，寻觅江南文化源头。

首先映入眼帘的便是正对草鞋山考古现场的"时空之门"，穿过这道门，我们回溯 6000 多年前苏州地区先民的生活。跟随着志愿者的步伐，我们又来到了夷陵山。它是遗址中现存唯一可见的高土台，其剖面可辨多个文化堆积层，按照时间先后顺序，可分属于马家浜文化、崧泽文化、良渚文化。它们被考古界誉为江南史前文化的"三叠层"，是"江南史前文明标尺"，这对长江三角洲聚落发展与社会文化的历史研究具有重要意义。

置身于"行走在遗址间"主题展馆，我们了解了草鞋山遗址的发掘过程。1956 年，此地建造砖厂时发现了许多瓦片，后经专家研究，草鞋山遗址浮出水面。至 2022 年，作为苏州地域文明探源重点项目之一，草鞋山已经开始启动第八次考古发掘。

我们观察了遗址剖面结构图，参观了各时期的历史文物。其中一件高 31 厘米的玉琮,是目前我国首次在史前墓葬中出土的玉器,印证了草鞋山人在6000多年前,就用玉点亮了礼制文明的曙光。在展馆中穿梭,我们仿佛与先人进行一场跨越时空的对话,深入先人的物质生活,体会他们的精神世界。

先人如何从事生产呢?志愿者为我们介绍了炭化稻米与古灌溉系统的故事,原来早在6000多年前,聪明的先人们就已经学会了较先进的水稻种植技术,充分利用亚热带季风区的优越自然条件,因地制宜发展农业,而苏州的稻作文化、"鱼米之乡"的称号也是从那时延续下来的。

展馆参观结束后,我们便分小组进行各自的手记绘编。有小组通过石斧、石犁探寻先人的生产方式;有小组通过葛纺织品、陶盉追忆先人的生活足迹;有小组通过玉琮、鼎探索先人的精神世界。还有小组来到户外复原稻田之中,观察水稻田的自动灌溉系统,与老师一同鉴别田间物种,讨论排灌原理,探究人地协调之道。

历史是文化的载体,文化是历史的血脉。"岁月峥嵘,山河为证;文脉悠远,与古为新。"我们要在保护历史遗址的同时发掘其文化价值,在历史的长河中撷英采华,造福后人。

最后,一起来看看我们的研学手记作品吧。

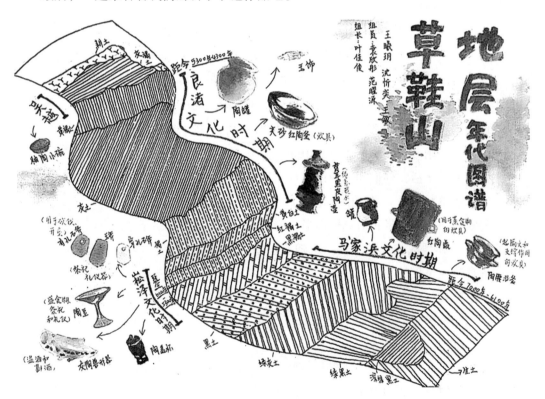

草鞋山地层年代图谱

■ 第四章 校本地理实践课程的开发与实施

草鞋山遗址

立足食器——探"苏"从何处来

(研究者：汤米嘉、邹沐岚、陆依蕙、戴之远)

成果三 "家庭是否需要安装净水器"研究报告

一、实验背景

地理学习中，我们得知水污染是当前较为突出的环境问题。随着健康意识提高，人们非常关注饮用水的质量。网上有报道，受出厂水质、储存和输送过程中的污染等多因素的影响，家庭使用的自来水有不达标隐患，许多家庭安装了净水器。为此我们想用实验测试苏州工业园区的自来水是否达标，使用净水器能否显著提高自来水质量，哪一种净水器效果更好。

二、实验目标

（1）实测园区自来水水质情况，对比不同净水器的净水效果。

（2）综合分析测量数据，为是否安装净水器、如何选择净水器品牌提供建议。

三、准备工作

查阅文献《生活饮用水卫生标准》（GB5749—2022），选取部分关键指标。

四、实验器材

（1）水样品制备设备。

三个不同品牌的净水器。

（2）水质检测设备。

pH计、电导率仪、硬度检测仪、浑浊度检测仪、余氯检测仪、TOC分析仪。

五、实验步骤

（1）将三个品牌的净水器并联，使自来水分别进入三个净水器。

（2）等水从净水器稳定流出一段时间后，接取水作为测量样品。

（3）接取学校饮水机和自来水作为对比测量样品。

（4）使用仪器测量并分析。

六、实验数据及分析

表 4-20　水质检测实验数据及分析

项目	数据一	数据二	数据三	平均值
水质 pH 值				
自来水	6.9	6.9	6.9	6.9
学校饮水机	6.8	6.9	6.8	6.83
净水器一	6.9	6.9	6.9	6.9
净水器二	6.9	6.9	6.8	6.87
净水器三	6.9	6.8	6.9	6.87
实验结果分析	水质过滤器对水质的 pH 值影响不大，通过水质过滤器不能改变水质的酸碱度。原因可能为水质酸碱度主要由水中的 H^+ 和 OH^- 离子决定，水质过滤器主要过滤微米级以上的物体，不能改变水中的 H^+ 和 OH^- 离子状态			

续表

项目	数据一	数据二	数据三	平均值
水质电导率/（μs/cm）				
自来水	1120	1128	1112	1120
学校饮水机	1073	1105	1042	1073
净水器一	1128	1107	1064	1100
净水器二	883	895	827	868
净水器三	916	923	956	932
实验结果分析	净水器二和净水器三采用了多重过滤，因此，水中的导电离子更少，电导率更小，水质更好			
水质硬度/（μg/L）				
自来水	230	256	248	245
学校饮水机	227	231	236	231
净水器一	229	250	248	242
净水器二	105	119	138	121
净水器三	194	228	198	207
实验结果分析	净水器二和净水器三采用了多重过滤，因此，影响水质硬度的离子更少，水质更好			
水质浑浊度/NTU				
自来水	5.06	5.10	5.07	5.08
学校饮水机	3.76	3.62	3.85	3.74
净水器一	3.79	3.86	3.88	3.84
净水器二	0.19	0.38	0.27	0.28
净水器三	2.17	2.84	2.59	2.53
实验结果分析	净水器二和净水器三采用了多重过滤，因此，水中颗粒物更少，浑浊度更小			
水质余氯/（mg/L）				
自来水	0.22	0.24	0.22	0.23
学校饮水机	0.03	0.08	0.06	0.06
净水器一	0.22	0.23	0.22	0.22
净水器二	0.18	0.14	0.15	0.16
净水器三	0.19	0.20	0.17	0.19
实验结果分析	各净水器对苏州地区自来水的余氯去除作用不大，但是学校饮水机通过加热后烧熟的水余氯含量最低，因此，烧开的水会更健康			

续表

项目	数据一	数据二	数据三	平均值
水质总碳/（mg/L）				
自来水	21.9	24.1	22.6	22.86
学校饮水机	23.5	22.4	22.3	22.73
净水器一	30.9	30.4	29.4	30.40
净水器二	20.1	19.2	20.0	19.76
净水器三	22.1	23.9	22.5	22.83
实验结果分析	从实验结果可以看出，经过过滤和不经过过滤的水质总碳含量基本不变，说明苏州地区自来水水质比较好			

七、总结与反思

通过实验分析可以看出，苏州工业园区自来水水质优良，即使不使用净水器，自来水水质也是符合国家饮用水要求的。建议自来水烧开后饮用，这一步骤能较好地去除水中余氯。净水器因过滤技术水平不同，对水质的改善效果也不同。家庭净水器使用过程中会消耗能源、浪费部分水，净水器自身生产、运输、废弃处理过程中也会造成资源消耗、污染物排放。基于园区自来水质量达标的事实，我们呼吁大家少用、不用家庭净水器。

通过本次实验活动，我们体验到对网上信息不能人云亦云，要学会通过科学的方法进行客观分析。在实验过程中，我们遇到了安装净水器时净水器漏水、水管连接处漏水、检测数据偏差大等问题，但在老师的指导下，同学们克服了种种困难。方法总比困难多，团结协作可以解决困难。

（研究者：吴宇轩、张豫江、辛子沐、沈思杨）

成果四 "牧谷农场服务功能"调查报告

一、牧谷农场简介

牧谷农场位于苏州市相城区北桥街道灵峰现代农业示范园，农场将传统农业与旅游休闲深度融合，打造了集农作物种植、休闲娱乐、农副产品种植、食品体验加工、拓展培训、餐饮住宿、商务会议等于一体的现实版"开心农场"，既让游客留住了乡情，又实现了走进田园、融入自然、寓教于乐、全程体验的休闲乐趣。

学生牧谷农场研学合影

二、体验与调查

从学校到牧谷农场的路程，用手机上的电子地图查询，选择"大路多"需要47分钟，选择"大路少"需要51分钟。完成这项功能，需要使用全球卫星导航系统对当前位置进行定位，再利用地理信息系统进行计算和分析。

从电子地图可以查询到，牧谷农场位于苏州市北部的相城区，临近苏虞张公路和锡太公路，离苏台高速、常台高速也很近，交通便利。

通过咨询工作人员，得知农场土地原本是灵峰村村庄，后土地流转出来建了牧谷农场；目前主要人流量为苏州及周边学生团（70%）、拓展公司（10%）、散客（10%）、政企单位（10%）等；旺季为春、秋两季，淡季为夏、冬两季。旺季大概平均每个月有1.5万人次，淡季每个月五六千人次。

三、分析与思考

（1）用地方式由附近乡村的农业用地变为现代农场。

经过讨论，我们认为与原用地方式相比，改建给农场带来的影响如下：

① 为市民提供了休闲旅游和教育培训的基地。

② 发展了旅游等多种服务产业，产业结构升级。

③ 增加收入，提供就业岗位。

④ 美化环境，净化空气，减缓城市热岛效应。

（2）该农场的顾客主要来自苏州市。春秋季气候适宜，外出旅游活动的人多，尤其是学校秋游和春游活动带来大量客源。冬夏季因气候原因，游客少。

（3）农场区位优势。

① 靠近特大城市苏州市，有广阔的市场；郊区地价低；交通便利。

② 风景优美，自然条件优越。

③ 建设时正逢相城区规划发展现代农业，有政策支持。

④ 附近有养老和其他休闲旅游产业，有集群效应。

四、感悟与启示

要发展新型农业，适应政府扶持方向，因地制宜，选择开发成本较低的土地，发展吸引游客的新型旅游产业，从农业和旅游业双方向发展产业，且发展绿色环保产业，适应现代城市消费人群需求和市场需求。

（研究者：潘泽雯、吕开、夏妍歆、张梓澜、刘皖月）

成果五　"种植马铃薯"实践性学习报告

一、种植马铃薯

马铃薯是根茎类蔬菜作物，具有喜凉、怕热、喜光等特点，生长期间需肥较多，对土壤要求不高。我们先翻土，并且把大的土块砸碎，平整土地，然后堆成30厘米高的垄，垄上挖约10厘米深的坑，行距约50厘米，株距约30厘米。

把发芽的土豆切块，保证每块都有芽。芽朝上放入土坑，然后用土填平。因为前些天下过雨，土壤湿度较大，就没有浇水。

土豆块茎生长的适温是16℃~18℃，当地温高于25℃时，块茎停止生长；茎叶生长的适温是15℃~25℃，超过39℃时停止生长。3月初气温回升，苏州一般在这时节种植土豆。北方地区气温回升较晚，一般要到4月份才能种植。

苏州郊区以往种植土豆较多，目前种植很少，主要是因为苏州经济发达，近些年城市化速度快，城郊农田减少。苏州郊区农民更愿意发展经济效益更高的蔬菜、水果、鲜花等产业。

二、马铃薯为何要起垄种植

（1）排灌方便、防水涝。这是因为低洼地容易积水、内涝，起高垄可将低洼地垫高，使排水方便，避免农作物遭受水淹之灾。

（2）改良土壤、利于保肥。将耕地起垄可堆高保肥、保墒情，可以满足农作物的生长需求，从而达到丰产、稳产的目的。

（3）利于采收。土豆作为根茎类作物，到采挖的时候，直接从沟边垄的底部横向挖取，大面积种植时方便土豆的采收工作。

三、我国推广马铃薯的原因

马铃薯对地理环境的适应性强，种植范围广，我国土豆的主产区是西南山区、西北、内蒙古和东北地区。

土豆种植周期短、产量高（亩产量4000~5000斤）、效益较高、技术相对简单、容易推广。马铃薯既能当菜又能当饭，是经济实惠的农产品。

四、马铃薯著名产地区位分析

甘肃定西是中国乃至世界土豆最佳适种区,也是全国土豆主产区。定西年降水量平均在350~500毫米,气候温凉,昼夜温差大,光照充足,耕地土层深厚,土壤富含钾元素。降水和气温规律与土豆块茎膨大期相吻合,为土豆块茎膨大和品质提升创造了有利条件。定西所产土豆个大、质优、口感醇香、耐运耐藏。

五、定西马铃薯发展建议

(1) 绿色生产,提高农产品品质。

(2) 发展科技,培育良种,提高单产。

(3) 发展农产品加工,延长产业链,提高附加值。

(4) 加强营销,培育品牌,扩大市场。

(5) 注意保护生态环境,发展生态农业。

(研究者:龚怡嘉、梁王晨、杨子娴、曹婉怡、吴思原)

成果六 地理景观照片解读报告

一、《山清水不秀》照片解读

山清水不秀

拍摄人:于睿。

拍摄时间:2017年7月。

地点:桂林漓江。

解读:由不远处的峰林可以看出这里是喀斯特地貌。但与我们平常认识的山清水秀的桂林山水不同,这里的漓江浑浊如黄河下游。

为何清澈的漓江水现在如此浑浊?

因为三天前,强大的西南季风带来了大量水汽丰富的空气,与南下的冷空气相遇形成大量降水。高强度、长时间的降水使漓江流域内水土流失严重,被冲刷的水土一下子全部涌入漓江,使漓江短时间内水量增加,泥沙含量增加。

二、《大运河苏州段一瞥》照片解读

拍摄人：杨丹妮。

拍摄时间：2022年2月6日。

地点：苏州铁铃关枫桥。

解读：图为枫桥段运河上一艘来自江西、正在运送化学物品的货船，船尾驾驶舱舱门旁贴有黄色三角状的危险警告标志。苏州位于江苏省南部，处于大运河和太湖流域的汇集点。从自然方面看，苏州水网密布，且属于亚热带季风气候，地表径流丰富；冬季，

大运河苏州段一瞥

苏州段运河无结冰期，水流稳定；地形平坦，地势开阔，江阔水深，特殊的黏土在一定程度上可阻止地表水下渗，因此，运河在苏州段有着得天独厚的发展条件。从人文角度看，近年来，江苏的社会经济发展程度较高，GDP（国内生产总值）全国领先，科技水平高，导致东部地区人口密集，江苏段航运需求量大，市场广阔。今天，人们已不再依赖漕运，但京杭大运河作为江苏的"黄金水道"，因运输量大、成本低的优势，尤其适合运输如煤炭、建材等大宗货物。目前，江苏大运河既是北煤南运大通道，又是集防洪、灌溉、排涝、旅游于一体的综合性河道，有着南水北调东线大动脉之称，它对完善交通运输网，促进南北地区经济文化交流有着重要作用。

三、贵州仙人掌照片解读

拍摄人：黄予心。

拍摄时间：2021年7月。

地点：贵阳天星桥景区。

解读：贵阳纬度低，水热充足；此地多阴雨天气，昼夜温差小；仙人掌主要生长于岩石顶部。虽然贵阳降水多，但由于岩石顶部地势陡峭，土层薄，水流失严重，较干旱；当地人常早起采摘仙人掌果，去刺进行贩卖，此果口感偏甜，有美容养颜的效用。

仙人掌

仙人掌果

成果七 代言家乡农特产，具身学习农业知识
——东台西瓜研究报告

一、历史渊源

东台西瓜种植历史悠久，在宋代就已有种植，20 世纪 80 年代后期，东台开始大量种植西瓜。自 2017 年来，产业种植规模逐年扩大，位居江苏省第一，全国前列，成为名副其实的"西瓜王国"。2020 年 4 月 30 日，中华人民共和国农业农村部正式批准对"东台西瓜"实施国家农产品地理标志登记保护。

二、西瓜的生长条件

温度：西瓜的生长适温为 25℃～30℃，低于 10℃时幼苗会停止生长，温度降至 5℃时会受到冻害。

水分：西瓜在苗期、伸蔓期、果实膨大期需要吸收较多的水分，但不能过量浇水，否则容易烂根。

光照：西瓜喜光照，每天的日照时长以 10～12 小时为宜，光照充足时有利于积累糖分。

土壤：各种土壤皆可种植西瓜，但砂性壤土更为适宜。

三、西瓜在我国的主产区

南方以海南岛为主要产区，海南岛凭借其独有的气候一年四季均盛产西瓜；北方以山东为西瓜主要的产区，主要集中在鲁西北地区的德州、聊城、莘县等地。河北、甘肃也是西瓜主产区。

四、东台西瓜高品质的成因

（一）产地环境

（1）土壤地貌。盐城东台市成陆原因独特，由长江、淮河排入大海的泥沙在潮汛作用下冲积而成，特有的沙壤土透气性好、排水力强；成土母质以含钾丰富的伊利石为主，土壤偏碱性，适合西瓜种植。

（2）气候条件。盐城东台市处于亚热带暖温带过渡带，季风气候，无霜期长，西瓜生产期间平均气温为 20.4℃，果实膨大期昼夜温差大，光照充足，常年日照时数 2000～2400 小时，有利于西瓜糖分积累。

（二）特定的生产方式

（1）栽培方式。土地资源丰富，采用瓜菜粮轮作，克服连作障碍。

（2）品种选择。选用高产、优质、抗病虫、适应性广、商品性好、耐低温、耐弱光、坐果能力强的 8424，此品种在东台市推广种植超过 20 年。

（3）生产过程。育苗推行散户联育、大户自育、工厂化供育，1 月中旬至 2 月中旬分期育苗。选择地势较高、排灌方便、接近电源的田块，建立苗床。搞好种子处理，坚

持选种晒种。出苗前，遇低温加盖保温布，出苗率达50%时须及时抽去覆盖物。定植后白天保持25℃~30℃的温度，超过30℃要注意降温。生长前期如遇连日阴雨，注意用药防病。西瓜成熟，及时采摘上市，品牌化销售。

五、发展建议

（1）加大西瓜新品种引进开发力度。随着人民生活水平的提高，消费者对西瓜的品种和要求越来越高，对西瓜的消费偏好由过去的大果型向中小果型转变。

（2）加快西瓜产业走向品牌化、标准化。生产标准化既是种植业现代化的重要标志，也是西瓜产业发展的必由之路。

（3）加强市场监管普法执法宣传。相关职能部门采取相应措施，健全质量保障体系，采取多部门联合执法，从重从严打击销售假冒伪劣种子和农资产品生产经营的违法行为。

（4）加强西瓜产业政策扶持。政府及相关部门要加强西瓜产业的发展引导，从政策及资金等方面扶持西瓜产业的发展。

（5）积极发挥西瓜协会社会组织作用。举办协会活动、强化成员自律、全面普及技术，扩大协会社会影响。

（6）坚持创新理念。让东台西瓜不仅"走出去"，更要"引进来"。"走出去"是让东台的种瓜能人和东台西瓜品种走出去，走出市门，甚至走出国门；"引进来"就是引进新的品种、新的人力、新的技术。

六、课后延伸

上述调查作为学习案例使用时，可进行如下问题设计：

阅读材料，并查阅课本，回答下列问题：

（1）除了种植业（如种西瓜、水稻等），农业生产还有哪些门类？
（2）什么是农业生产的季节性和地域性？
（3）东台西瓜种植涉及哪些自然和社会经济条件？结合你的调查，试用思维导图总结。
（4）海南为何能常年种植西瓜？海南岛什么季节种植西瓜数量多？为什么？
（5）海南岛以前西瓜种植较少，近年来西瓜产量增长快，试着分析变化原因。

（研究者：刘思彤）

成果八　轮台明月送君行，天山云雪映古今
——2023北疆环准噶尔盆地研学考察记

朋友，你去过新疆吗？有人说，不到新疆不知祖国之大，不到新疆不知西域之美，不到新疆不知历史之悠久，不到新疆不知物产之丰富，不到新疆不知天地之高远。

出于对地理的浓厚兴趣，经过我的地理老师王晨光老师介绍，我有幸加入了2023年暑假全国地理研学考察团，亲身感受了大美新疆。

这次旅程以乌鲁木齐为起点，环准噶尔盆地一圈。乌鲁木齐距离吐鲁番仅两个小时车程，在唐代，它被称为轮台县，是极为重要的交通枢纽。

令人惊奇的是，"疆"字可以形象代表新疆的地理环境特点。左边的"弓"字代表5600多千米漫长的边境线，新疆与蒙古、哈萨克斯坦、吉尔吉斯斯坦、塔吉克斯坦、俄罗斯、阿富汗、巴基斯坦、印度八国接壤，是中国陆路边境线最长的省区。左边的"土"字代表新疆有166万平方千米的国土，占据了中国1/6的版图，相当于英国、法国、意大利、西班牙和瑞士五国面积的总和；右边的三横代表阿尔泰山、天山和昆仑山三座山；右边的两个"田"代表塔里木盆地和准噶尔盆地。天山横亘于新疆中部，把新疆分为南北两半，南部是塔里木盆地，北部是准噶尔盆地。习惯上称天山以南为南疆，天山以北为北疆。北疆以草原和高山为主，南疆则多沙漠戈壁。

新疆在古代被称为西域，从历史上看，新疆是欧亚人口迁徙和东西方文明交流的通道，数千年历史的发展和文明的积淀，使得新疆成为有着深厚底蕴和丰富内涵的历史文化宝地。

1300年前，玄奘西行，从高昌国（今吐鲁番）出发，到焉耆（今巴音）—屈支（今库车）—跋禄迦国（今吉尔吉斯斯坦）等地，途经中亚138国。他怀着信心上路，历经险阻，写成了被视为中外文化交流大成的名著《大唐西域记》。

夏季北疆的气温主要受地形的影响，海拔低的地方气温高，海拔高的地方气温低。相比于7月下旬苏州潮湿闷热的天气，北疆各地天气差异很大。最热的五彩滩气温可以达到40℃，江布拉克凌晨气温可以低到5℃左右。

第一站：大自然的鬼斧神工——安集海大峡谷

在《国家地理杂志》上，早就读到过有关安集海大峡谷的文章，我向往已久，今天终于可以一睹真容。它发源于天山山脉依连哈比尔尕主峰的安集海边，切穿了高峻的山脉和平缓的北坡，在大地上形成了一道道错落有致的沟壑。经历过百万年的河水冲刷下切而成的峭壁，由地壳抬升与流水下蚀共同打造的河流阶地，以及弯曲的河流组成的安集海大峡谷，堆着砂石与土，红色碎屑岩尤为醒目，天气晴朗便可看到砖红岩石、灰黑砂土、青绿植被和蓝天白云交织的五种自然色调（彩插图1）。

安集海大峡谷具有明显的多层河流阶地，从层叠的阶地中能看出峡谷悠久的历史。

河流阶地主要是在地壳垂直升降运动的影响下，由河流的下切侵蚀作用形成，有几级阶地，就有过几次运动；阶地位置越高，形成时代越早。规则平整的土地在我的眼中显得格外奇异，因为自然往往是不规则的，无论是山岳、河流或者云，其中突然穿插的规则图形就像是奇迹一般（彩插图2）。

安集海大峡谷又被称作红山大峡谷，在大峡谷的位置，能看到明显的红色岩体（彩插图3）。因此，河上游的煤矿被称作叫红山煤矿，为了运煤修建的弯曲的盘山路在峡谷间回旋。

峡谷的地层来自不同时代。红色的应该是白垩纪地层，位于灰黑色侏罗纪地层之下。而最上面黑色松散的部分，则是第四纪松散沉积物。（彩插图4）

安集海大峡谷目前只是半开发的状态，不收门票，有游客中心，有卖零食的小摊贩、提供游人骑马服务的牧民。悬崖边修了木栈道，但是没有看到管理人员。许多游客在靠近悬崖的边上拍照，其实这很危险。因为最上层是第四纪非常松散的夹杂砾石的沉积物，非常容易坍塌，大峡谷上部陡峻的边坡就是证明。每每看到有人靠近悬崖，我都替他们提着一颗心，想提醒他们注意安全，又怕扫了人家的兴致。希望政府能加快景区的开发建设，适当收费，为游客提供优质安全的旅游服务，也助力当地经济发展，增加就业机会。

第二站：云生雪岭，半湖脂玉——赛里木湖

赛里木湖是新疆海拔最高、面积最大的高山湖泊，又是大西洋暖湿气流最后眷顾的地方，以山脉抬升气流形成降水，辅以天山化雪的水流，从而形成的纯洁的天池，它奇迹般地出现在内陆之中，被称为"大西洋最后一滴眼泪"。进入景区后，我们坐车绕湖前行，湖水清澈见底，雪山、蓝天、白云掩映其中，岸边鲜花盛开，一路美不胜收。景区里不但有滑翔伞体验，还有羊驼、骏马等动物在悠闲踱步。登上松树头山顶眺望，远方的果子沟大桥蜿蜒于连绵不断的山脉之间。景区内有度假酒店，在网上查看了酒店的价格，1500~10000元每晚的价格都有。它们往往临湖而建，背山面水，风景位置绝佳。早上躺着便可以欣赏赛里木湖的日出，夕阳西下的时候，骑自行车环湖一圈是一件极美好的事情。幸运的话还能遇见狐狸、松鼠、天鹅等动物。入住的人多了，对赛里木湖的生态环境多少会有破坏，环保措施有没有严格要求，在一定程度上决定了景区能不能维持其原有生态，从而持续吸引游客前来观光。

赛里木湖里原本没有鱼，因其"冷"的特性阻遏了许多种鱼的繁殖，直到1998年从俄罗斯引进了高白鲑、凹目白鲑等冷水鱼养殖，才使赛里木湖开始生产鱼类。

赛里木湖之冷，触手可知。将手伸进湖水宛如伸进冰块之间，坚持不了几十秒，便要把手从湖水中缩回。还有不少人把罐装饮料和西瓜放在湖边冰镇（彩插图5）。

赛里木湖四周群山环绕，并伴有冰川。也许是因为高山融雪的稀释，湖水尝起来微咸。沿着湖边的山路往上走能依次经过山地荒漠草原、山地草原、云杉林、山地草甸草原等地带。路程的前段植被低矮，后段出现了大片的云杉林，以及块状分布的草甸。由于分布海拔升高，温度降低，水汽蒸发减弱，土壤湿度较大，水分条件较好，所以出现了高山草甸带高于草原带的分布情况（彩插图6）。

在靠近山顶的位置，可以一览广阔的湖面。近看是波澜起伏的湖水，远看则显得平滑如镜。（彩插图7）

第三站：飞禽走兽百千态——怪石峪

位于博尔塔拉蒙古自治州博乐市的怪石峪景区，总面积 230 平方千米，海拔 1200 米，东西长约 15 千米、南北宽约 3 千米，是我国西部较大的怪石群。由一大片奇形怪状的花岗斑岩组成，入口处有一条阶梯路穿过岩石以供游览，道路上有标牌标识出被想象成具体形象的怪石。有大象取食、天狗望月（彩插图 8）、骆驼阔步、石猴母子、狮身人面岩、孔雀开屏等。

大家一路讨论，一致认为怪石峪的孔洞怪石是由盐风化形成，而非风成，依据如下：

（1）石壁的凹坑多出现在岩石露头的东南侧，而不是迎风的西北侧，与风蚀地貌的分布规律不符。

（2）岩块四周少碎屑，没有积沙，低洼平坦处有许多草本和灌木分布。

由于风携带沙子吹蚀打磨岩石，风力侵蚀会产生大量的沙石，堆积在下风地带附近的低洼背风处，怪石峪反而有许多植被。而盐风化则是岩石表面产生小缝隙，含盐水流进入缝隙，水分蒸发后溶解成盐结晶并增大，将裂隙撑开，使岩石的矿物颗粒脱落，形成了凹坑。盐风化产生的岩石碎屑堆积在低洼平坦处，形成土壤，于是长出了植物（彩插图 9）。

除此之外，怪石峪还大量分布了很多藻类，这些藻类似乎只长在海拔较高的地方，而且只能在岩石上看见（彩插图 10）。

怪石峪已经靠近国境线，从这个位置上能看到边界的围栏，围栏外面便是哈萨克斯坦，此地禁飞无人机。我和王老师在烈日下合影一张，眼睛都快睁不开了。

第四站：暗夜残丘声怪异，雅丹仿佛古战场——乌尔禾魔鬼城

"雅丹"是维吾尔语，意为陡崖土丘，是干燥地区的一种风蚀地貌，由倾斜和缓的黏土性岩层所组成的地貌，因暴流侵蚀再经强烈的风蚀作用而成。乌尔禾魔鬼城因集戈壁雅丹、沙漠峡谷、石滩胡杨、天然沥青于一身而闻名于世。因为处在风口，这里长期狂风大作，风穿行在戈壁之间，发出如魔鬼一般的声音。走在魔鬼城里，夹杂着沙石的风打在裸露的皮肤上，能感觉到疼痛。

雅丹地貌是一种典型的风蚀地貌，分布于极端干旱和部分干旱区，以未完全固结的湖相沉积物为基础，经风力、流水等作用形成流线型、柱状等形状的岩体。（彩插图 11）据说在大约一亿年前的白垩纪，这里也是一个巨大的淡水湖泊，栖息着乌尔禾剑龙、蛇颈龙等远古生物。因此，在这个地方挖出过许多化石，乘坐景区的景观车参观的最后一站也是看仿制的恐龙化石。

魔鬼城的岩石多是砂岩和泥板岩，一捏就碎，可想而知，经长期风蚀，地面上会积累多少沙石。它与怪石峪正相对，植物稀少，只有一些耐旱且生命力强的植物生存，而

且分布很少，都是一株一株地分布的。行走过程中，能发现梭梭、黑果枸杞和小果白刺等。（彩插图 12）

雅丹地貌的岩体走向与风向一致，乌尔禾魔鬼城呈西北—东南走向。

第五站：碧波烟云渡，赤霞月亮湾——喀纳斯湖

"喀纳斯"在蒙古语中意为"美丽而神秘的湖"，喀纳斯湖被誉为"神的后花园"。湖水主要来源于天山化雪和当地降水，是中国最深的冰碛堰塞湖。被阿尔泰深山密林簇拥着的喀纳斯湖，滋养了周边的植物，打造了风光旖旎的绝美画廊。

疣枝桦生于河滩、山谷或山脚潮湿地带，可以用作建筑材料。观鱼台山脚下的咖啡厅里会捡桦树树干做成诸如花瓶、展示台之类的工艺品。在这里可以喝到新疆特色的现煮奶茶，我们还买了一截白桦树干，摆在餐台上很有艺术氛围。树干来自森林深处，这一截的外形保持完好，纹理清楚，很是罕见。

桦树有着白色的树干，加之树干上如同眼睛一样的树节，在众多树木中显得很独特。其叶片则呈三角状卵形，边缘有锯齿。（彩插图 13）

西伯利亚杉的树皮则是平滑的，呈褐色。小叶在小枝上密生，如同试管刷。

景区内的观鱼台离湖面有 600 多米，是最好的观鱼位置，据说此处存有多次目击"湖怪"的记录，不过也有说法称"湖怪"可能是长得很长的大红鱼。我们去的那天天气晴朗，视野极佳，喀纳斯湖著名的三道弯美景一览无余，湖岸茂密的云杉林层层叠叠。（彩插图 14）

喀纳斯湖中有哲罗鲑（即大红鱼）、冷狗鱼等鱼类养殖，但因为冷水湖不适合鱼类大量养殖，且喀纳斯地区以旅游业为主，所以鱼类产量并不高。在布尔津的夜市，每家餐厅都有冷狗鱼售卖，我们尝试了烤冷狗鱼，肉质紧实细腻，非常好吃。但最好吃的做法应该是清蒸，用最原汁原味的烹饪方式，还原食物本身的味道。

第六站：胡笳入耳声声慢，文姬断肠十八拍——禾木村

禾木村被称为中国最美村落，位于北疆阿勒泰地区布尔津县，喀纳斯湖东侧约 30 千米处。我们初到时刚下过一场雨，日光照在冷空气上，产生了陆上云的景象。进入禾木村需要乘坐景区公交车，车程约一个小时，路上除了茂密的杉树林和桦树林，还经常能看到牛在路边休息，还有几个毡房坐落在草原上。

禾木村是蒙古族图瓦人的聚居地，是仅存的 3 个图瓦人村落中距离城市最远和最大的村庄（另外两个是喀纳斯村和白哈巴村）。（彩插图 15）牧马人、放羊人居住在此处，他们以前像蒙古族一样以游牧和狩猎为生，在近四百年才定居喀纳斯湖畔，在这里搭起木屋和栅栏，虽然这里逐渐发展了旅游业，但他们仍保留着很多原来的生活方式。比如骑马，不仅仍以马匹为交通工具，而且给游客提供骑马的服务。

由于禾木村美名远扬,许多外地人纷纷来这里开起了餐厅、民宿、咖啡馆。本地人因为没有经营管理经验,索性出租自己的房子收租金,而自己搬到比较偏远的地方居住,平时靠骑马、表演、出售当地特色食品或工艺品增加收入。我们在和当地人的交流中发现,旅游业的兴旺虽然改变了他们的生活方式,或多或少地破坏了当地的自然环境,但是居民仍然希望游客更多一点,收入也能再多一些。

有一些图瓦人以表演为业,当地有一种被列入非物质文化遗产的乐器叫作"苏尔",此行我们也每人花了80元去图瓦人的小木屋欣赏了这门乐器。小木屋里大概有60位听众,我们欣赏了6个节目,相对音乐厅动辄几百元的票价,其实也不贵。演奏者是一位70岁左右的长者,是图瓦人部落中为数不多能演奏这门乐器的人。他收了8位青年人为徒,想要传承这门艺术,但图瓦人只有语言并无文字,所以也无乐谱,全凭口传心授,对于青年人来说是一个挑战。乐器长度为50~60厘米,有3个出声孔,是用当地一种草制作而成的。匈奴称为"箛",通"葭",意为芦苇,这门乐器在汉代被称为"胡笳"。蔡文姬所作的著名长诗《胡笳十八拍》描写的就是用这种乐器吹奏的乐曲,匈奴称一拍为一曲,十八拍即十八曲。

在图瓦人的木屋,除了苏尔,我们还听到了马头琴和吉他的合奏曲,欣赏了传统的舞蹈。临别时,大家还即兴和表演的小哥一起学起了骑马舞,宾主尽欢。在禾木村山顶草原,我和父母骑马上山,在山顶慢跑了一圈。山野间云雾缭绕,野花盛开,迎着空气里鲜香的青草味在旷野里奔驰的感觉真好。

第七站:五彩斑斓磐石艳,一河潋滟水流湍——五彩滩

五彩滩位于额尔齐斯河北岸的一、二级阶地上,属于典型的彩色丘陵。五彩滩是长期干燥的地带,但在一河之隔的对岸,长着郁郁葱葱的树林。由于岩石中矿物质的不同,岩石会呈现出不同的颜色。远方的风力发电机在蓝天白云的映衬下,给五彩滩带来了新的生命力,也给当地人民创造了更便利的生活条件。(彩插图16)

五彩滩由流水侵蚀和风蚀作用形成,岩体走势垂直于河岸,也垂直于风向(可以参看远处的风力发电机)。由此引出一个疑问:五彩滩究竟是不是雅丹地貌?

雅丹地貌泛指干燥地区形成的一种风蚀性地貌,河湖相土状沉积物所形成的地面经过风化作用、间歇的流水和风蚀作用,形成与盛行风向平行的风蚀沟槽地貌。而五彩滩的岩体走势垂直于风向,显然不是雅丹地貌。并且在现场还能发现不少流水侵蚀的痕迹,多处出现的洞穴也是流水冲蚀后坍塌而形成的,风蚀柱等典型的风蚀地貌会出现的岩体也未出现在此处。(彩插图17)

此外,在五彩滩能发现一些典型的植被,这些植被都具有耐旱耐碱的特点,长有细小(或根本没有)叶子,并且多是一丛一丛的灌木,应该是长有庞大的根系以对抗强风。

第八站：抬首怪石齐霞飞，俯身碧涧绕神钟——额尔齐斯大峡谷

以连绵高耸的花岗岩山峰为特点的额尔齐斯大峡谷，拥有许多造型奇特的岩石山峰。不似怪石峪，这里的石头经风化打磨，变得浑圆，虽也形态多样，却没有那一份"怪"的感觉。

更奇特的是，在花岗岩山峰表面有许多蜂窝状的凹坑和竖直的深色沟槽，被称为瀑布化石。（彩插图18和图19）据说是因为在花岗岩中夹杂了许多不同的、硬度不一的岩体，经过长时间的风化作用慢慢形成缝隙，最终完全分离脱落从而形成凹坑和瀑布状纹路。

由于板块运动与火山喷发等活动，可可托海形成了稀有金属富集区，在走入景区的过程中就能发现许多混有大量云母的闪闪发光的花岗岩，在门口也有兜售矿石的小商铺。

第九站：矿藏独绝，以光中华——三号矿坑

"功勋之矿""天然地质博物馆"三号矿坑坐落在新疆准噶尔盆地的东北边缘，属伟晶岩脉，含有多种稀有及放射性元素，其中的矿物占人类已知矿物的60%，且各种矿物呈规则的螺旋带状分布，分布界线分明。（彩插图20）

但它的重大意义并不局限于此。20世纪60年代，无数工人聚集于此，每天仅一碗糊糊，在冰天雪地之中靠着自己的双手为国家挖掘出一车车矿物。它也为"两弹一星"的两弹——原子弹和氢弹提供了材料，创下了不朽功勋。中国第一颗核弹的成功爆炸也离不开它提供的必需的稀有金属。考虑到冶炼技术和成本的问题，三号矿坑被暂时封存。但在技术提升的将来，相信三号矿坑能为我国取得更多的成就助力。

第十站：微微风簇浪，散作满河星——江布拉克

"江布拉克"为哈萨克语，意为"圣水之源"。这里有林海、雪山、牧场，夏季繁花遍地，绿草如茵。（彩插图21）牧民在夏季牧场放牧，到了9、10月份便转去山脚的冬季牧场休养生息。这里是东天山典型的草甸风貌，更有优越的观星条件，新疆天文台选址于此，配备了射电望远镜，为我国的航空航天事业提供了强大的技术支持。我们所在的位置属于江布拉克的旅游区，牧民已经转到了山上放牧。在附近的停车场，有很多牧民在小摊上售卖自己家的肉干和各种奶制品。有各种干酪、奶枣，奶味醇厚，我们尤其爱喝这里的酸奶。商业的繁荣一方面提高了牧民的经济收入，但另一方面又给当地的生态环境带来一定程度的破坏。

因为靠近帐篷酒店，我们并没有见到成群的牛羊，一只小牛被拴在树下，受到了我们整个队伍的热烈欢迎。（彩插图22）

江布拉克适合看日落、日出和星辰。它有着优秀的观星条件，但是相应地，它的夜晚也非常漆黑，即使如此，也有许多人在夜晚出来观星，我们待到了凌晨两三点。在都

市里极少看见这么完整的银河,大家都非常兴奋,天气寒冷裹住棉被也要坚持观星。(彩插图23)在星空中能清晰地看到组成夏季大三角的织女一、河鼓二(牛郎)和天津四,以及西北方向的北斗七星。脱离了书本,进行真实的观测,从前阅读过的天文书籍在实际中得到应用,并转换成自己的经验长久保留。

　　至此,行程结束。很高兴能有这样一次机会来到新疆,见识到神奇的自然景观,风土人情、人文历史、地理知识……收获了友情,认识了新的朋友,我们已经在期待明年的此时能够再聚新疆。

(研究者:胡潇影)